Auf Schwingen

gewidmet unserer Martha

Originalausgabe

© 2022 Gisela Stumm

Herstellung und Verlag
BoD - Books on Demand, Norderstedt

Texte und Layout: Gisela Stumm
Bilder: Bärbel und Horst Kießling

ISBN: 9783756206513

Bibliografische Informationen der Deutschen Nationalbibliothek:

Die Deutsche Nationalbibliothek verzeichnet diese Publikation in
der Deutschen Nationalbibliografie; detaillierte bibliografische
Daten sind im Internet unter www.dnb.de abrufbar.

Gisela Stumm

Auf Schwingen

Lyrische Betrachtungen,
Gedichte und Aphorismen

Beflügeltes Wortspiel

Es kommt auf die Betonung an

Auf Schwingen

Aufschwingen

Auf! Schwingen!

Sich erheben aus der Schwere des eigenen Lebens,
sich aufschwingen, als hätte man Flügel,
sich getragen fühlen von unsichtbaren Kräften,
sich eingliedern in die Gesetze des vielfältigen Daseins,
den Wechsel von Gegensätzen als Einheit verstehen,
Veränderungen akzeptieren mit Zuversicht auf das Gute,
einen Neubeginn wagen im Zeichen der Liebe.
Schwinge dich auf!

**Eine lyrische Fundgrube
zum Beschreiben von Sichtweisen und Befindlichkeiten!**

Information zum Coverbild im Anhang auf Seite 255

1. Das Leben schwingt

Mit Schwung

Geht es uns Menschen
manchmal nicht allen so?
Der Wunsch nach Flügeln?
Unbeschwert und frei
sich aufzuschwingen
in die Welt des
schwerelosen Wohlgefühls?

Erobern wir mit Schwung
den Wirkungskreis auf Erden,
der uns zur Gestaltung
unseres Lebens vorbehalten ist.
Das ist uns ins Herz geschrieben,
selbst im Verbund
mit Freud und Leid.

Aufschwingen

Erhebe dich aus der Schwere
des eigenen Lebens,
schwinge dich auf, als hättest du Flügel,
fühl' dich getragen
von unsichtbaren Kräften,
gliedere dich ein in die Gesetze
des vielfältigen Daseins.

Den Wechsel von Gegensätzen
verstehe als Einheit.
Akzeptiere Veränderungen
mit Zuversicht auf das Gute.
Wage einen Neubeginn
im Zeichen der Liebe.
Schwinge dich auf!

An den Atheisten

Wir alle sind
ein Werk der Schöpfung:
der Mensch, das Tier,
der Berg, das Meer,
die wachsende Natur.

Im Schein der Himmelslichter
fließt Lebendigkeit
in immer neuen Bahnen.
Alles schwingt -
in der Geburt und
in der Endlichkeit.

Es bleibt die große Frage:
Wer steuert den Impuls?

Wir leben in der Schöpfung,
wir sterben für die Zukunft
im Vertrauen
auf das Gut-Gewollte
und im Hinblick
auf die eigene Seele.

Gedanken formen das Handeln

Gedanken entstehen
im Inneren des Menschen.
Wenn sie sich bündeln,
wird Handeln geformt.
Und eines Tages
fliegen sie fort.

Menschen werden
weiter denken, weiter handeln,
ob sie gefragt sind oder nicht.
Sie beleben unsere Welt,
und manchmal
drehen sie sich auch im Kreis.

Gedanken sind der Ursprung
des Bewusstseins.
Sie fliegen aus der Stille
hinein in unsere Existenz.
Dort suchen sie mit Fleiß
nach Gleichgesinnten.

Gedankenspiel

Du wählst den Schuh,
der zu dir passt,
er trägt dich durch die Zeit.

Du hörst ein Lied,
das dir gefällt
und stimmst mit ein.

Du nimmst die Hand,
die man dir reicht
als Lebenswohlgefühl.

Den weiten Himmel
über dir siehst du
als Wartesaal.

Die Last auf Erden
lässt du los
zum bessren Fliegenkönnen.

Im Blick zurück
entfaltet sich
dein Samenkorn der Liebe.

Wohlgefühl

Das Ziel des Menschen
ist sein Wohlgefühl,
egal, mit welchen Mitteln,
egal, zu welchen Zeiten.
Das Leben selbst gibt ihm
das Werkzeug in die Hand.

Es ist nicht nur der volle Teller,
das Dach über dem Kopf,
es sind nach allen Seiten
ausgestreckte Sinnesreize,
die dem Dasein Schwung
und Inhalt geben.

Grübeln

Grübeln gehört mit zum Leben.
Es ist der innere Blick
auf den Tanz des Gewesenen,
der Gefühle des Wohlwollens,
der Unzulänglichkeit.

Der Griff nach den Sternen,
ein Schweben im All,
die Landung am Boden
- ob Bruch oder Sanft -
führt zur Realität zurück.

Bilder und Worte
unterwegs

Meine Bilder springen aus dem Rahmen
und suchen Platz in deinem Herzen.
Manche Worte ziehen Flügel an
und suchen einen Landeplatz
in deiner Seele.

Sprunghaft

Keine großen Sprünge machen,
mit kleinen Schritten
kommst du auch zum Ziel.
Doch ab und zu
darfst du mal hüpfen.

Höhepunkte

Halte still, nur einen Augenblick.
Genieße sie, die Höhepunkte
deines Lebens.

Eckpfeiler sind sie,
geben Form und Halt dem Sein,
balancieren Böses mit dem Guten,
bringen die Gefühle
in ein Gleichgewicht.

Höhepunkte
sind Geschenke,
die vom Himmel fallen.

Landeplatz

Meine echten Freunde
hat der Himmel mir geschenkt.
Sie beflügeln meine Emotionen.

Jene Erdenengel
finden immer einen Landeplatz
in meinem Herzen.

Beim Seelenarzt

Wie geht es dir? fragte er.
Nicht gut, sagte sie.
Er holte sie aus ihrer inneren Tiefe.
Und jetzt? fragte er.
Sie lächelte.

Sie fühlte sich im Gleichgewicht,
gehalten in der eigenen Balance.

Schon auf dem Heimweg
entdeckte sie die Leiter
zu einem neuen Glück.
Sie spürte ihre Leichtigkeit
und konnte plötzlich fliegen.

Gefühl der Leichtigkeit

Manchmal fühle ich mich nachts
als sei ich eingehüllt in Wolken
und schwebte meiner Zeit davon.

Es ist das absolute Fernsein
aller Möglichkeiten,
ein Zustand des Getragenseins
im überweiten Himmelsraum.

Dann spüre ich am nächsten Morgen,
dass ich gut geschlafen habe
und freue mich auf meinen neuen Tag.

Stille Insel

Übers weite Meer
trieb eine Flaschenpost
und landete im weichen Sand
auf einer stillen Insel.

Der unversehrte Inhalt
sprach von Sehnsucht
und flutete mein Herz.

Ganz unverhofft
haben unsere Seelen
sich am Strand gefunden.

Gemeinsam schweben wir
durch unsere Träume
und atmen immer wieder
die Stille dieser Insel ein.

Wolkenbilder

Gefühle malen Bilder,
es sind die Werke
aus dem Dschungel
tief liegender Gedanken.
Mal sind sie hell,
mal sind sie dunkel,
manchmal schweben sie
auch in den Wolken.
Sie verändern ständig
ihr äußeres Gesicht.

Plötzlich war es da
im milden Abendlicht
in einer rosa Wolke,
dies Gebilde mit den Flügeln
und dem lächelnden Gesicht.
Wind verwehte die Konturen
und ließ dem Herz
Gelassenheit zurück.
Das alte Bild im Kopf
freut sich auf neue Farben.

Das Gedeihen der Worte

Wieder schwebt der Geist
durch Zeit und Raum,
vergeblich sucht er
einen Platz zum Landen.
Im Gepäck, da ruhen seine Worte,
vor aller Welt hält er sie versteckt.

Irgendwann hat
die Schwerelosigkeit ein Ende,
und die Worte fallen plötzlich
aus dem Himmel.
Nach und nach
besiedeln sie dasselbe Herz.

Sie keimen, wachsen und erblühen,
tragen viele Früchte und
verschenken sich nach ihrer Reife.
Worte auf den Punkt gebracht
können Seelen nähren.
Die Uhrzeit ist dabei egal.

Worte in Bewegung

Worte regulieren unser Leben.
Sie sind das menschliche ES-WERDE.
Sie bauen auf und sie zerstören,
sie sind der lange Arm unserer Gedanken.

Worte fliegen um die ganze Welt.
In allen Sprachen transportieren sie
das Gute und das Böse.
Wir dürfen uns entscheiden.

Manchmal nisten Worte sich in Herzen ein.
Hier stillen sie die Sehnsucht
von uns Menschen mit der Zauberformel:
ICH LIEBE DICH.

Vielleicht kann man
nichts Schöneres sagen über Worte,
als dass sie es verstehen
uns zu bewegen.

Metamorphose eines Poems

Auf meiner Bank träumt ein Gedicht.
Der Wind durchkämmt die Zeilen
und geht mit allen zu Gericht,
er will an ihnen feilen.

Eine Jury - ihr sei Dank -
gibt der Schrift das Siegel.
Dem Poem da auf der Bank
wachsen plötzlich Flügel.

‚Googelnd' fliegt es um die Welt
auf die höchste Kuppe,
wird zum Stern am Himmelszelt
und fällt herab als Schnuppe.

Tanz der Worte

Es fliegt durch die Luft, dieses einzelne Wort,
kommt von irgendwo her und landet
beim schlafenden Dichter in einer lichtlosen Nacht.
Nicht lange, da segelt ein zweites vorbei,
ihm folgen ein drittes und viertes.
Das fünfte brachte die Wortspiele mit
und forderte auf zum wilden Tanz.

Der Wirbel zerstob im Taumel der Nacht.
Zum Ruhen hat jedes sein Plätzchen gefunden.
Der Dichter erwachte aus seinem Traum,
der ihn vorübergehend berauschte
und wollte das Fehlen der Worte bedauern,
die ihm jetzt alle verschwunden schienen.

Dann sah er im Morgenlicht auf seinem Tisch
den kleinen Schreibblock liegen.
Hier fand er sie wieder, die Worte,
von ihm im Halbschlaf geschrieben
im Dunkel der Nacht.
Sie ruhten vereint auf den Seiten
und warteten lautlos auf ihr Erwachen.

Endlich der Artikel

In Erwartung sein
hat so was wie Schweben.

Gegeben, was möglich war,
Inneres nach außen gekehrt,
Farbe bekannt, Meinung gesagt
und andere gelten lassen.

Am Ende dann gewogen
und zu leicht befunden?

Nun hat die Zeitung
es hinausposaunt.
Alles gut. Na dann:
Nach mir die Sintflut!

Ich flüchte in die
stille Unerreichbarkeit.

Ich-Disziplin

Irgendwann,
demnächst,
vielleicht bald
oder morgen.
Nein! Heute!
Jetzt fängst du endlich an!

Unüberwindbar
erscheint dir das,
was vor dir liegt.

Das eigene Versprechen
endlich einzuhalten
ist eine Ich-Disziplin.

Ja, es gibt Dinge,
die kannst nur du allein.
Sei mutig! Fang an!
Du wirst es schaffen.
Löst du deine Schwerkraft auf,
kannst du plötzlich fliegen.

In der Schwebe

Jedes Glück hat einen Anfang,
jedes Unglück auch,
beide kennen nicht ihr Ende.
Wie auf Flügeln schwebt
das Eine durch den Raum,
und das Andere tappt hinterher.

Freude und Verzagen
gehen manchmal Hand in Hand.
Heimlich tauschen sie auch ihre Rollen,
und der Mensch begreift nichts mehr.

Hinterfragt er das Geschehen,
gibt sich ganz dem Leben hin,
wird er die Welt besser verstehen.
Es ist der große Lauf des All-Geschehens,
das sich unserer eigenen Macht entzieht.
Hier gibt es nur ein JA und AMEN.

Entfaltung neuer Perspektiven

Du bist ein wundervolles Wesen,
eingebettet in der Welt des Lebens,
einfach da und sich geborgen fühlen
in dem eigenen kleinen Reich
gemeinsam mit den Menschen deiner Liebe.

Doch manchmal läuft es nicht,
so wie du willst,
du glaubst, du seiest gefangen
im alten Wirkungskreis
und ohne Aussicht auf Veränderung.

Öffne deinen Käfig,
lass los, was dich bedrückt,
damit es fliegen kann.
Lass durch das Fenster neues Glück herein,
denn es erfreut Herz und Gemüt.

Lass im Sturm des Lebens
die alten Blätter fallen,
die jungen werden folgen
und sich sehr bald entfalten
in wieder neuen Perspektiven.

In Verbundenheit mit anderen
sind wir stark und empfinden uns
als vorgesehene Einheit,
doch jeder Einzelne
bleibt ein wundervolles Wesen.

Jahreszeiten des Lebens

Im *Frühjahr* steigt die Hoffnung aus der Erde.
Der *Sommer* platzt aus allen Nähten.
Den Reichtum seiner Ernte präsentiert der *Herbst*.
Der *Winter* hüllt das Leben ein.
Entfesselt schweben Träume in den Himmel.

Beflügelt

Als das Leben Fragen stellte,
hieltst du inne, dachtest nach.
Hinter deinen Augen
rollten die Erinnerungen:
Freud und Leid spazierten
immer Hand in Hand.

Neu gesteckte Ziele
regten deinen Kreislauf an.
Deine Fantasien klatschten
freudig in die Hände.
Beflügelt gleitest du
in eine ferne Zeit.

2. Im Wandel der Zeit

Verknüpfung der Zeiten

Die Vergangenheit lebt in der Gegenwart,
die Gegenwart träumt von der Zukunft,
die Zukunft lernt aus der Vergangenheit.
Als Einheit machen sie sich auf den Weg,
um als Einheit zu verrinnen.

Neue Pläne

Am Anfang eines neuen Jahres
malst du deine kleine Welt
in kunterbunten Farben.
Du stellst dir vor,
das Eine oder Andere zu tun,
das Eine oder Andere zu lassen.

Es ist dein eigener Plan.
Du breitest ihn
vor deinem Schöpfer aus
und bittest ihn:
Dein Wille mir geschehe.

Vertrauensvoll schickst du dein Boot
dann auf den Fluss
deiner Gedanken.
Im Wissen um das Auf und Ab
gleitest du davon
im Strome des verheißenen Segens.

Eigenes Ermessen

Heute wichtig, morgen nichtig.
Jeder füllt und leert
die Räume seiner Gegenwart
nach eigenem Ermessen.
Unumkehrbar ist die Zeit.

Gefühlsbestimmt

Freude und Schmerzen
bestimmen Gefühle.
Sie steuern im Wechsel
unsere Empfindung,
tauschen deren Bedeutung aus.
Das Große wird klein,
das Kleine wird groß.
Alles hat seine eigene Zeit.

ping-pong

ein Geben und Nehmen
Höhen und Tiefen durchwandern
Schmerzen und Leichtigkeit spüren
alles im Wechsel aufs eigene Spielfeld bringen
im Auf- und Abschlag die Chancen erkennen
die Uhr tickt weiter
ping-pong

Illusionen

Ab und zu lebt der Mensch
von seinen Illusionen.
Er denkt sich einen Regenbogen
und löst ihn später auf
mit einem Lächeln unter Tränen.

Lichtblick

Ein Lichtblick
zerreißt den Gedanken
verwirft das ewige
Kreisen um Fragen

Im Raum plötzlich
sichtbar die Antwort
als Lichtblick geboren
aus dem Gedanken

Verarbeitung der Gefühle

Gefühle haben mehrere Seiten.
Alle müssen verarbeitet werden.

Einige legt man zur Seite,
andere hakt man einfach ab.

Die angenehmsten bleiben abrufbereit,
wann immer sie benötigt werden.

Zum Nachdenken

Gestern, heute, morgen.
Vergangenheit, Gegenwart, Zukunft.
Das Leben besteht aus drei Teilen,
das eine kann nicht
ohne das andere sein.

Morgen war das Heute gestern,
gestern war das Heute morgen.

Ohne gestern kein heute,
ohne heute kein morgen.
Heute war ich gedanklich
im Gestern und bin bereits
auf dem Weg nach morgen.

Ein Wechselspiel

Das Wetter ist ein Phänomen,
es spiegelt wider unser Leben.
Jedes Hoch und jedes Tief
sitzt in unseren Knochen,
der Wandel ist uns vorbestimmt.

Wir leben von Veränderungen
und handeln nach Gefühlen.
Trockene Zeiten wechseln sich
mit Tränenwasser ab.
Eingefroren tief im Eis
ruht so manche treue Seele.

Der Ausbruch und die Asche
eines geistigen Vulkans
führt zusammen Fluch und Segen.
Aufgetürmte Seelen-Wolken
ziehen weiter mit dem Wind.

Kreislauf der Illusion

Aus der Verbindung
von Wünschen und Träumen
entsteht Illusion.
Du bündelst die Kräfte
und glaubst an ein Wunder.

Löst der Regenbogen
sich aus seinen Farben,
kehrt dein Alltag zurück.
Der verbindet sich wieder
mit Wünschen und Träumen.

Der Lebensstrom

Kostbar ist das Hier und Jetzt,
einzigartig die Momente.
Ein Fluss aus Energie
durchströmt das Leben
und verändert ständig seine Ufer.

Im Verbund mit Sonnenschein und Regen
wächst die Vielfalt in der Welt.
Hat der Lebensstrom sein Ziel erreicht,
verbindet er sich mit dem Meer
zu einer großen Dimension.

Im Verborgenen

Ein Geheimnis bleibt geheim,
so lange es geheim bleibt.
Sonst verliert es seinen Namen.

Das Geheimnis ruht
im dunklen Hinterstübchen.
Offenbart es sich im Licht,
zerplatzt es wie die Seifenblase.
Wer in der Nähe steht,
wird nass gespritzt.
Betroffene, die wird es immer geben.
Wird ein Geheimnis stets gehütet,
kann es keinem schaden.

Drückt es nicht aufs Gemüt,
zaubert es dem Träger hin und wieder
ein stilles Lächeln ins Gesicht.

Im Lauf der Zeit

Jung, dynamisch und gut drauf,
die Gegenwart soll leben!
So soll es sein, so soll es bleiben
bis zur weit entfernten Welt.

Dann legen plötzlich Freunde
sich zur Ewig-Ruhe nieder,
andere verbandeln sich
mit Kummer, Leid und Schmerz.

Nebelschwaden verhüllen
die normale Sicht,
das Herz, es stolpert
über ausgelegte Steine.

Schicksalsschlag hält unseren Atem an.
Auf den guten Teppich
tropft vom Dach der Regen,
und du sagst: Was soll's!

Wir ließen uns bis hierher
durch ein langes Leben leiten
und lassen dankend weiterhin
uns von der Liebe tragen.

Verborgenes Fundament

Der Tanz auf dem Gerüst
hat jetzt ein Ende,
denn alle Werkarbeiten
sind getan nach
bestem Wissen und Gewissen.

Freigelegt ist das Gefach,
zu erkennen
die Struktur des Hauses,
rundum kühn erneuert.
Die Fassade leuchtet nun
in anderen Farben.

Grundeinstellung
und Stabilität des Hauses
bedingt das Fundament,
was den Betrachtern
meist verborgen bleibt.

Loslassen

Endlich fällt ihr Schleier vom Gesicht.
Hinter ihrer Maske bröckelt die Fassade.
Das Paradies auf dieser Erde trocknet aus.

Grenzgängerin ist sie geworden.
Energien verteilt sie auf ein Minimum
und nur in kleinen Raten.

Wo ist die Tatkraft nur geblieben,
wo die Entschlossenheit,
der Zukunft freudig ins Gesicht zu sehen?

Ein Wechsel der Gefühle
bringt wieder Licht ins Dunkel,
lässt keimen die verworfene Hoffnung.

Schmerzen fliehen ins Nirwana.
Der Tag mit seinen Forderungen
will neu bewältigt werden.

Was sie noch lernen muss,
ist das Sondieren der Bedeutsamkeiten.
Loslassen ist hier das Zauberwort.

Ideensammlung

Das Leben spielt auf Zeit.

Der Glaube an ein Ding
krallt sich manchmal fest,
wie eine Zecke.
Man saugt Ideen auf
bis hin zum Platzen.

Schwer beladen
sucht man die Erfüllung,
gäbe es zuvor nicht
andere Kompetenzen
zu bedenken.

Das Leben spielt auf Zeit.

Das Loch

In der Gegenwart
baust du im Hinblick auf die Zukunft
das Fundament für die Vergangenheit.

Bei der Gestaltung deines Lebens
nimmst du dich wahr
als Puzzleteilchen eines Ganzen.

Zur Entfaltung der Gesellschaft
kommt es auf jeden an,
auch auf dich.

Sonderst du dich ab,
wird nicht sofort
das Haus einstürzen.

Doch es bleibt vermutlich
ein Loch zurück,
durch das die Mäuse schlüpfen.

Gelagerte Dinge

Der Kopf ist ein Logistik-Center,
eine Lagerhalle, ein Computer.
Er ist jederzeit bereit zum Abruf
und zum Neuempfang.

Viel benutzte Dinge lagern vorne,
andere im hinteren Bereich,
auch gibt es immer einige,
die sich verborgen halten.

Wenn es Nacht wird,
spielen Dinge gern Verstecken.
Sie wirbeln durcheinander
und erfinden neue Märchen.

Ist die Finsternis vorüber,
sucht man wieder nach den Namen.
Manchmal findet man auch einen Schlüssel,
der jahrelang verschwunden war.

3. Corona-Pandemie

Pandemie

Es kam aus der Ferne,
das Virus in seinen Facetten.
Es hatte sich selbst
zum König des Daseins gekrönt.

Es bringt Chaos ins Leben,
steckt Menschen in Zwinger,
beraubt Existenzen
und lacht alle aus.

Einige bleiben verschont,
andere in der Schwebe.
Sicher kann niemand sein.
Die Toten schweigen sich aus.

In Windeseile schmiedet der Mensch
im Labor seine Waffen.
Er glaubt, den Eindringling
schnell zu vertreiben.

Geht die Aussaat dennoch auf,
ist der Spuk längst nicht vorbei.
Zukünftig wird sich der Mensch
neu erfinden müssen.

Regierungspläne zu Corona

Heute Ja und morgen Nein,
dann ein Vielleicht, dann ein Mal-Sehen.

Das sind die Zacken einer Krone,
die das Virus mit sich trägt.
Sie durchbohren alle Pläne
und lassen uns im Regen stehen.

Das Warum bleibt vorerst
ohne eine klare Antwort.
Wird das hoch gelobte Serum
die bald erhoffte Wende sein?

Die Zweifler sagen ‚nein'
und gehen jede Wette ein.
Hoffnungsträger wollen kämpfen
für die Gestaltung einer neuen Welt.

Ob das je gelingen wird?
Vielleicht. Mal sehen.

Der Bös-Gekrönte
und sein Einfluss

Die Welt verändert ihr Gesicht.
Der Magier mit gekröntem Haupt
schafft Platz in dem Geschehen.

Die Erde schreit vor Schmerz.
Das Leben, es steht Kopf.
Alle leugnen ihre Schuld.

Der Mensch hat über eigene Gesetze
seine Macht verloren.
Das Chaos ist perfekt.

Nun hängt er in den Seilen,
bis seine Kraft erlahmt.
Der Absturz spielt auf Zeit.

Erst wenn die Not
am allergrößten ist
ruft ein jeder nach Erbarmen.

Wer den Virus überlebt hat,
der taucht dankbar ein
in die bunte Frühlingspracht.

Er streut neuen Samen
auf das nackte Land
und betet seine Sonne an.

Er wäscht sich rein im Regen
und bittet seinen Erdball
um Vergebung.

Der Zeitgeist

Corona öffnet die Augen,
Corona verschließt den Mund,
die Wirtschaft tanzt auf dem Seil.
Nichts ist mehr so,
wie es einst war.

Es ist das ständige
Glänzen-Wollen,
in den Augen der anderen
unüberwindbare Größe zu sein.
Corona hält allen den Spiegel vor.

An Wert gewinnt
die Natur, der Garten,
die Nahrungsquelle
aus erster Hand
und Mitmenschlichkeit.

Noch ist der Krieg nicht beendet.
Wer Sieger sein wird
steht in den Sternen.
Doch eines ist sicher:
Wirkungsweisen werden sich ändern.

Verworfene Pläne
(in Corona-Zeiten)

Ich stelle mir vor,
es könnte so sein,
so oder so oder so.
Ich male mir Wünsche ins Herz.

Nicht immer lässt sich
die eigene Sehnsucht stillen.

Heute stellt uns das Leben
vor andere Pläne.
Da kann ich mich fügen
oder auch rebellieren.

In der neuen Entscheidung
wohnt die Hälfte des Glücks.

Mein Leben geht weiter
mit inniger Hoffnung
für meine Lieben:
Bleibt alle gesund.

Im Aufschwung nach Corona

Das Leben hat uns allen
seine Grenzen aufgezeigt,
die Welt steht Kopf,
das Virus schlängelt sich
durch Gänge der Befindlichkeiten,
rafft reihenweise Menschen hin,
fragt nicht nach Raum und Zeit.

Erfunden werden neue Strategien
für erstrebenswertes Weiterleben.
Jeder ist gefragt,
sich schwungvoll einzubringen
in die globale Welt.
Wer sich schützt,
beschützt auch andere.

Die Nudel und die Rolle

Einst waren sie normal begehrt,
die Nudel und die Rolle,
die alle Märkte voll bestückten.
Corona ließ sie fliehen.
Sie setzten sich Tarnkappen auf
und verschwanden im Nirwana.
Der Laden-Stammplatz leer gefegt
und gähnende Regale.

Nach langer Wartezeit
legt die Wirtschaft nach.
Der Endpreis für die Mangelware steigt,
doch der Mensch nimmt wieder,
was er kriegen kann.

„Ist uns egal",
sagen sich die Nudel und die Rolle,
„wir gehen beide offiziell
die alt vertrauten Wege.
Wir werden dann wie immer
der altbekannte Endzweck sein."
Die Nudel drückt sich oben durch,
die Rolle fängt sie unten auf.
Sie fallen der Gemeinsamkeit zum Opfer
und rutschen nun für jedermann
in ein Nimmer-Wiedersehen.

Vorhang zu

Pandemie - Vorhang zu.

Mein Humor versteckt sich in den Falten.

Nach und nach,
Schritt für Schritt,
Stück für Stück,
das Dasein bleibt präsent
und wartet auf Erfüllung.

In meinem Traum erwacht die Euphorie.

Ich tanze neue Lebensbilder.

4. Miteinander - Füreinander

Unser Auftrag

Der Sinn des Lebens
ist der Zusammenhalt
aus der Kraft des Einzelnen.

Verschmolzen sind sie,
die Natur und alle Wesen
im Prozess der ständigen Entwicklung.
Und doch folgt jeder
seinem eigenen Impuls.

Der Blick in die Unendlichkeit
macht uns bewusst,
wie kostbar und zugleich
zerbrechlich unsere Erde ist.

Verletzlich sind wir und bedürftig,
aufeinander angewiesen
in gegenseitiger Erfüllung.

Noch hat der Mensch
das Steuer in der Hand.
Da spielt die Farbe seines Wesens
keine Rolle.

Nur gemeinsam sind wir stark,
um die Machenschaft

der vielen Nimmersatten
und ein Chaos abzuwenden.

Bebauen wir in Ehrfurcht
diese wunderbare Erde
im Hinblick auf das
uns geschenkte Leben.

Sich neu erfinden

Wann ist man jung, wann ist man alt?
Es kommt auf Perspektiven an.
Ganz Junge möchten älter sein,
die Alten möchten jünger sein.

Nach der offiziellen Arbeitszeit
muss sich jeder neu erfinden.
Manchmal werden bisher
unerreichte Wünsche endlich wahr.

Die einen öffnen sich vermehrt
der Schönheit unserer Natur,
unternehmen weite Reisen,
machen das, was gut gefällt.

Andere entdecken neu
ein Mitgefühl im Ehrenamt,
einige den Beistand für Bedürftige
und Kranke da zu sein.

Kreativitäten fangen an zu blühen,
die eigene Kunst der Malerei
wird neu ins Licht gestellt.
So mancher lässt sich fördern.

Die anderen genießen
eine Art von innerer Erhabenheit
durch die große Klangwelt der Musik
oder greifen selbst zum Instrument.

Nicht zu vergessen
all die vielen Schreiberlein,
manchmal auf den Weg gebracht
durch Fern-Akademien.

Ihnen allen kommt es nicht
auf die Erfolge an.
Sie suchen hier das Wohlbefinden
in der eigenen Erfüllung.

Und wenn sie anderen Menschen
damit noch Freude machen,
haben sie im Doppelsinn
ihr fernes Ziel erreicht.

Im großen Spiel

Das Leben ist
ein großes Theater.
Jeder spielt seine Rolle
als Darsteller
oder Betrachter.

Im Austausch entsteht
ein Gefühl für das Ganze.
Beide zusammen bilden
die Einheit des Seins.

Ob groß oder klein,
jeder in seiner Rolle
ist ein wichtiger Teil
im Spiel unserer Zeit.

Im Leben sind beide
nur Gast im Theater.
Dieses Bewusstsein
lässt Freud und Leid
besser verstehen.

Gegenüberstellung

Warum legt der Eine Aktien an
und der Andere stapelt bunt?

Warum strukturiert der Eine seine Stunden
und der Andere lebt in seinen Tag hinein?

Warum sehnt der Eine sich ans weite Meer
und der Andere zieht die Badewanne vor?

Warum strebt der Eine den Gipfel eines Berges an
und der Andere baut sich seine Burg im Sand?

Warum sucht der Eine stets nach Sicherheiten
und der andere wagt den Sprung ins Netz?

Warum liebt der Eine immer nur sich selbst
und der andere erweitert seinen Kreis?

Weil sie so sind, so wie sie sind,
sie können nicht heraus aus ihrer Haut.

Es liegt an uns, die Individuen zu akzeptieren.
Die bunte Welt lebt aus den Gegensätzen.

Nachsicht

Das Leben ist ein Rollentausch,
mal sind wir die Akteure
und mal die Betrachter.
Im Spielball der Gefühle
öffnen sich Zusammenhänge.

Wenn wir die Empfindungen
des anderen verstehen,
üben wir mehr Nachsicht aus,
nicht nur für den
eigenen Wirkungskreis.

Vielfältig

Die einen denken,
die anderen handeln,
die einen fühlen,
die anderen glauben.

Verstärkte Neigung
prägt den Menschen.
Das eigene Innere
weist ihm den Weg.

Der Grundgedanke
jedes Einzelnen
trägt bei zur Vielfalt
unserer bunten Welt.

Dynamik

Stillhalten - aushalten,
Widerstand - Kampfansage,
das Leben fordert uns heraus
zum Überwinden aller Diskrepanzen.

Wer sich im Anderen erkennt,
ahnt den Zusammenhang
vom Miteinander, Füreinander.
Nur Dynamik verändert unsere Welt.

Das Dichter-Ich

Das Dichter-Ich
beschreibt Gefühle, die fast jeder kennt,
wir finden sie im DU und ER,
im Sie und ES,
vereint sind sie im WIR und IHR.

Das Dichter-Ich
ist nur ein Angebot,
die eigenen Gefühle zu entdecken
mit der Erkenntnis:
Ich bin nicht allein.

Ideen-Welten

Zuerst die Gedanken
dann die Ideen
sie malen die Zukunft
in eigenen Farben

Das Fundament
ist der Glaube
an höhere Instanzen
die Hoffnung lässt leben

Es ist der ewige
Kreislauf der Erde
der die Ideenwelten
zur Wirklichkeit macht

In Folge sind unsere
friedvollen Taten gefragt
so lässt sich das Dasein
wertvoll gestalten

Harmonisches Leben
von Mensch und Natur
beeinflusst die Wunder
in unserer Welt.

Zusammenhang

Auch ein kleiner Mensch
darf jemand sein,
er muss sich nicht
mit all den Großen messen.

Wir alle sind ja nur ein Körnchen
in dem großen Sande des Gefüges.
Nur im Zusammenhang
formt sich diese kolossale Welt.

Gemeinschaft

Werte Menschen nicht nach dem Niveau.
Jeder von uns strahlt mit anderen Qualitäten.
Nicht nur im Ehrenamt
sind sie für alle da.
Nach ihren Möglichkeiten
erfüllen sie auch deine Wünsche.

Sie retten dich in deiner Not
durch ganz spontane Taten,
nehmen dich an ihre Hand
und vermitteln die Empfindung,
wie stark Gemeinsamkeit
uns bereichern kann.

Der Übergang

Ein grauer Schleier verhüllt diesen Tag.
Schemenhaft wandern Gestalten umher.
Murmelnde Worte durchqueren den Raum.
Ich fühle mich wieder unsichtbar.

Plötzlich gibt eine wärmende Hand
mir meine verlorenen Gefühle zurück.

Leise Worte an meinem Ohr
fordern mich auf zum Gang.
Ein stützender Arm gibt mir Sicherheit
und führt mich hinaus ins helle Licht.

Von der Blüte bis zum Apfel

Am Anfang blühen sie in rosa-weiß,
eine Augenweide für uns Menschen,
kleine Nahrungsketten für Insekten.
Bestäubt entwickeln sich die Früchte,
gedeihen in der Sonne,
härten ab im Regen.

In ihrem Lebenssommer
vereinen sich die Säure und die Süße.
Die Schale wächst und wächst,
verhüllt den inneren Raum
und formt das Äußere der Frucht.
Der Mensch gibt ihr den Namen.

Im Inneren versteckt
reift das Wunder ihrer Samen.
Der Apfel lebt am Baum gesellig,
doch jeder ist ein Unikat.
In der Reife ihres Lebens
trennen sich die Wege.

Der eine will gegessen werden,
der andere fault dahin.
Dem Apfelbaum ist das egal,
er nabelt seine Früchte ab
und wartet auf das neue Jahr.
Dann verteilt er wieder seine Gaben.

Wir selbst sind wie ein Baum.
Der Mensch trägt
die ihm zugedachte Last,
um sie im Leben zu verteilen.
Besonders süße Früchte
schenkt er seinen Freunden.

Streuobstwiese

Manchmal fühle ich mich
wie ein Apfelbaum
auf einer Streuobstwiese.
Wer will, darf sich
an meinen Früchten laben.

Mäßig gestutzt
wachsen wir Bäume
im Schutze unseres Nächsten.
Dort, wo Sonnenstrahlen
unsere Zweige durchbrechen,
gedeiht bunter Wildwuchs.
Schwirrende Insekten
sind kollektive Lebenselixiere.

Nicht aus den Augen verloren
hat uns der Gärtner.
Treu lässt er seit Jahren
die süßsauren Früchte reifen
und führt sie ihrer Bestimmung zu.

Begnadetes Land

Im Garten der Gnade
reifen die Früchte
unter den wachsamen
Augen des Gärtners.

Zur Selbstbedienung
öffnet er einfach das Tor.
Dann streut er neuen Segen
auf das begnadete Land.

Mutation

Der Einfall mutiert.
Als Samenkorn ruht er
im Umfeld des Glaubens
und hofft auf Befreiung.

Er wünscht sich am Ende
ein Baum zu sein,
der Früchte verschenkt
und Schatten spendet.

Die Helfer

Manchmal genügt nur der Satz:
„Ich bin für dich da,
wenn du mich brauchst."

Ob Du Manager, Arzt oder Handwerker bist,
ob ein Nachbar oder ein Freund,
jeder bringt sich ein mit vollem Herzen.

Oft geschehen Taten in der Stille.
Sie geben einem schwer Belasteten
eine Art von Leichtigkeit zurück.

In der Zuwendung gedeiht die Liebe.
Manche glauben:
Hier führt die große Gottesmacht Regie.

Ausdrucksweise

Wir, die Bilder sehen,
Formen fühlen,
Klänge hören,
Worte inhalieren,

sind Bewunderer
der angewandten Kunst.
Der Alltag trifft
auf Phantasie.

Künstler bereichern uns
mit ihren Werken
und lassen unsere Sinne
vorübergehend tanzen.

Keine Angst vor Stacheln

Liebst du Rosen, musst du dich
vor ihren Stacheln schützen.
Die Neider wollen Wunden sehen
und sich an deinem Blut ergötzen.

Bade deine Augen
in der Schönheit einer Rose,
berausche dich an ihrem Duft
im Wissen um Vergänglichkeit.

Nach der kalten Winterzeit
formt sich das Blütenwunder neu,
ebenso die vielen Stacheln.
Auch die Neider werden auferstehen.

Liebst du dein Leben,
bleibe treu der eigenen Art.
Lade deine Widersacher
zu einem Fest der Rosen ein.

Der Mediziner

Er ist da
wenn du ihn brauchst
fragt nach dem Befinden
legt seine Hand
auf deine Wunden
nimmt dir die Angst
und macht dir Mut
zum Ausgang des Geschehens

Er ist ein Helfer
in der Not
der behutsam
aus Erfahrung
das stark Verdrehte
zurück in seine Bahnen lenkt
sodass ein Gleichgewicht
die Waage hält

Du fühlst dich jetzt
von einer Last befreit
und spürst die Kräfte wieder
die in dir wohnen
Über allem schwebt
sein warmes Lächeln
es begleitet dich
auf deinem frei geräumten Weg

Eli, das Glück

Das Glück wohnt in der Gegenwart,
du darfst es ab und zu besuchen.
Manchmal kommt es auch zu dir,
dann bringt es Blumen mit,
gelegentlich auch Kuchen.
Das Allerhöchste dabei ist:
Es zaubert dir sein Lächeln ins Gesicht,
und du kannst es beim Namen rufen.

Ricos Neubeginn

Mitten im Trubel tauchte es auf,
das kleine weiße Hündchen.
Es sprach mit traurigen Augen:
„Ich bin so allein,
man will mich nicht mehr."

Mitleid quoll aus dem Herzen
der weiblichen Seele.
Sie adoptierte das kleine Wesen
und nahm es mit auf
in das große Reich ihrer Liebe.

Lebensband

Fühle dich beschützt, sagte er,
doch balancieren musst du selbst.
Sie knüpften sich ein Lebensband
aus Toleranz und Liebe
und lebten ihren Traum zu zweit.

Er ist, wie er ist

Er ist, wie er ist.
Sein Markenzeichen
ist die Bescheidenheit,
andere will er nicht verändern.
Ein Vorbild ist er,
nur, er weiß es nicht.

Er ist, wie er ist.
Ein stiller Weggenosse
mit einem Lächeln im Gesicht.
Im eigenen Leben
lässt er die anderen
nicht nach sich suchen.

Harmonie im Blickfeld

Mir zuliebe hast du JA gesagt,
obwohl es schien,
als wenn dein Inneres dagegen spricht.

Es ist der still verhaltene Verzicht
auf den eigenen Vorteil,
der der Harmonie den Vorrang lässt.

Über manches wird gesprochen,
über anderes nachgedacht,
am Ende steht die Wirklichkeit im Raum.

Harmonie ist wie ein Lebenselixier
und ein Geschenk aus der Hand
der übergroßen Macht.

Lebendes Kunstwerk

Du bist mein Rahmen
und ich bin dein Bild.
Du gibst mir Halt und beschützt
die zerbrechlichen Seiten.
Gemeinsam sind wir ein Kunstwerk,
das im Glanz unserer Liebe leuchtet.

Jedem sein Wohlgefühl

Wer nicht viel weiß,
kann weniger vergessen.
Schwupp, ist der Name weg,
dann ist er plötzlich wieder da.

Wer alle Sachen aus dem Wege räumt,
der ist auch stets am Suchen.
Wer ab und zu was liegen lässt,
der findet alles wieder.

Wer schweigend seiner Wege geht,
der ruht gelassen in sich selbst.
Wer keine Pläne hat,
lebt ohne Wunscherfüllung.

Und kaum zu glauben,
ein jeder ist mit sich zufrieden.
Er will sich auch nicht ändern.
Hauptsache ist, er fühlt sich wohl.

Mitten in der Nacht

Ich wurde plötzlich wach
und wusste nicht warum.
Wollte ich dir etwas sagen
mitten in der Nacht?
Dein leiser Atem schwebt
an meinem Ohr vorbei,
du ruhst dich aus
von dem gelebten Tag.

Wirst du mir
bei dem Erwachen
- wie so oft -
dein feines Lächeln schenken?
Dann geht gewiss
die Sonne auf in meinem Herzen,
und ich freue mich
auf einen neuen Tag mit dir.

Gelassenheit
wird uns begleiten
und Dankbarkeit
für unsere Zeit zu zweit.
Ich war nicht nur
aus einem Traum erwacht,
sondern reflektierte offen
mitten in der Nacht.

An die weiter Entfernten

Geburtstag!
Ein Anruf. Glückwunsch!
Lang' nicht gesehen! Wie geht's?

Was soll ich sagen?
Gut? Das wäre gelogen.
Schlecht? Das spräche von Undank.
Dem Alter entsprechend?
Es wäre die halbe Wahrheit.

Wenn ich mich umschau',
hält jeder ein Teil
seines Schicksals verborgen.
Die Außenlinie lässt sich verschieben.

Ob jung oder alt, ist egal.
Das Leben kennt Phasen
von Höhen und Tiefen.
„Der Mensch denkt und Gott lenkt",
wie schön, wer das sagt
und auch glaubt.

All euere fernen Wünsche
platziere ich heute in mein dankbares Herz.

Lang' nicht gesehen? Komm' mal vorbei!

Auf den Punkt gebracht

DANKE ist ein Wort,
das seine Wirkung nicht verfehlt,
wenn es von Herzen kommt.
Ein innerer Reichtum
braucht nicht viele Worte.
Mit einem DANKE
hat er alles auf den Punkt gebracht.

Kraft des guten Geistes (2)

Begonnen hat das neue Jahr.
Die Dresdner „Wunderkirche"
strahlte Frieden aus in alle Welt
mit Worten und Musik.

Da sah ich sie.
Ein Blick nur in ihr lächelndes Gesicht
und meine Seele tanzte.
Es war, als kannten wir uns
aus der Ewigkeit.
Ich trank die Worte ihres Mundes
aus einer Quelle der Unendlichkeit.

Und immer wieder
dieser Sog auf ihr Gesicht,
das wie eine Sonne strahlte
und mein Herz zutiefst erwärmte.
Beim Anblick ihrer Hände schien es mir,
als umarme sie die ganze Welt.

Mir war, als würde ich mich
in dem Spiegel ihrer Augen sehen.
Ich fühlte mich, als wären wir
im selben Ei gewachsen,
Herz an Herz,

als würden wir gemeinsam
aus der einen Liebe leben.

Es schien, als hätte zwischen uns
das Fernsehglas sich aufgelöst.
Hier wirkte nur die Kraft des guten Geistes,
der alle Grenzen überwindet
und ein Herz im Sturm erobern kann.
Es ist die Macht der Unbegreiflichkeit.

Botschaft mit Widerhall

Weihnachten, dies eine Wort in kleinen Lettern
steht anfangs nur auf dem Kalender.
Zuvor will jetzt das neue Jahr
im Sturm erobert werden.

Du lebst, du liebst, du schaffst - in deiner Art,
nimmst Nackenschläge mit in Kauf,
versöhnst dich mit dir selbst
und findest immer wieder einen neuen Weg.

Kaum hat der Herbst begonnen,
dann geht es wieder los:
dies Klingeling der süßen Glocken,
ein Ansturm auf dein Portemonnaie.

Die eigentliche Botschaft ruht versteckt
hinter traurigen Fassaden.
Nur das innere Auge entziffert
die Symbole unserer Weihnacht.

In allen Sprachen dieser Welt
wünscht man sich den Frieden.
Doch die Geburt der Resonanz
fängt im eigenen Herzen an.

5. Übermaß

Viel

Zu viel,
viel zu viel!
Ein Übermaß an Wind
bringt jedes Schiff
ins Schwanken.
Einerseits zu wenig,
andererseits zu viel.

Wirf ab den Ballast
überflüssiger Gedanken,
verkürze deine vielen Pläne
auf ein Minimum.
Das rechte Maß zu finden
ist eine Lebenskunst.
Wir üben noch.

Überforderung

Manchmal sind die Augen
größer als der Magen.
Der Rückfall ist hier Regel.
Zuviel gewollt und nichts vertragen.
Eine Reue kommt zu spät.
Die Verdauung ist gefragt.

Wieder dieses Bergmassiv,
wieder diese schmalen Wege
mit den Ecken und den Kanten,
wieder diese steilen Wände,
die das Licht verstellen,
wieder diese dunklen Schatten.

Von oben her das schmale Blau
leuchtet ein paar Winkel aus.
Wiederkehrend angesagt
ist die Sammlung aller Kräfte.
Steine aus dem Weg zu räumen
erfordert Kraft bis an die Grenze.

Mit dem Ziel vor Augen
ist dann irgendwann
der letzte Felsen überwunden.
In neuer Aussicht das Gelöbnis:
Man hüte sich in Achtsamkeit
vor dem Vielerlei der Dinge.

Des Lebens Fülle

Das Leben ist wie ein Büffet,
verlockend alle Angebote.
Augen sind oft größer
als der Magen.

Ein übervoller Teller
will bewältigt werden.
Ach, hätte man nur nicht
diese Menge ausgewählt!
Doch alles muss jetzt weg.

Das Angehäufte
darf nun seine Bahnen suchen.
Danach erweitert sich der Blick
für eine neue Freiheit.

Mal leicht, mal schwer

Mal ist der Eimer leicht,
mal ist er schwer,
obwohl der Inhalt
gleich geblieben ist.

Es kommt beim Träger
auf die innere Spannung an.

Im Antrieb der Gefühle
schwingt Veränderung,
die sich immer wieder
auch zum Guten neigt.

Wunscherfüllung

Schluss mit der Bummelei.
Das Leben bietet neue Chancen.
Du suchst dir jene aus,
die zu dir passen.

Teil deine Kräfte ein
und sieh nach vorn.
Die Erfüllung deiner Wünsche
kommt nun aus einer Hand.

Übermut

Aus Glücksgefühl und Euphorie
wird Übermut geboren.
Das Risiko trägst du allein.

Je nach Ausgang des Geschehens
reicht die Einsicht dir die Hand.

Manchmal ist es auch die Demut,
die dich zurück
auf deinen Teppich bringt.

Gleichgewicht

Warum ist der Wille groß
und die Tat so klein?

Du willst zu viel,
du kannst zu wenig.

Wähle dir ein Mittelmaß
und lass das andere ziehen.

Im eigenen Gleichgewicht
entsteht Zufriedenheit.

Sich nicht mit anderen zu messen,
stärkt die innere Freiheit.

Behalten oder weg

Das Schieben hat ein Ende.
Der Haufen ist gesichtet,
jetzt wird sortiert
in ‚behalten' oder ‚weg'.

Zu trennen ist
Notwendigkeit von Abfall,
ein massiver Kampf
zwischen Herz und Einsicht.

Jeder steht einmal vor der Entscheidung.
Die Zeit lässt der Vernunft den Vortritt.
Zwischen all den Sachlichkeiten
hausen die Gefühle.

Sie huschen hin und her
wie die flinken Mäuse
im verzweigten Labyrinth,
stets mit dem Blick auf einen Ausweg.

Ist der Berg endlich bezwungen
wirkt fühlbar die Erleichterung.
Nach jeder Reduzierung
werden andere Kräfte frei.

6. Schmerz

Selbstvertrauen

Im Schmerz bist du
der Mittelpunkt in deiner Welt.
Das Empfinden schiebt den Alltag
auf die lange Bank.
Der aufgestellte Lebensplan
rückt in den Hintergrund.
Das große Unbehagen
regiert die Gegenwart.
Du stellst die Frage:
Warum ich?
Noch liegt die Antwort
im Verborgenen.

Du verkriechst dich still
in deine Dunkelheit,
die Welt da draußen,
sie kann warten.
Der Schmerz schließt alle Türen zu.
Der Kampf im Inneren beginnt.
Eine Heilung spielt auf Zeit.

Wenn das Schwarz sich endlich
in ein Grau verwandelt,
werden nach und nach
die Konturen sichtbar
und dein altes Leben

bekommt die Farbigkeit zurück.
Du hast die Kraft entdeckt,
die in dir wohnt.
Vertrauensvoll darfst du
in deine Zukunft sehen.
Doch bleibe stets der Mittelpunkt
in deiner eigenen Welt.

Im Widerspruch

Ausgehöhlt, allein gelassen,
so fühlt man sich an manchen Tagen
im Stundentakt auf dieser Welt.
Ein Schmerz krallt sich im Inneren fest,
um die Balance zu zerstören.
Mühsam ist die Suche nach den Helfern
freier Wege ohne Hindernisse.

Ganz plötzlich ist es wieder da, das Licht,
es durchdringt die dunklen Schatten,
bringt neue Lebensenergien.
Es ist, als wäre vorher nichts gewesen,
was das Dasein schwerer machte.

Nun stellt sich jene Frage
nach dem nicht gewollten,
unbeständigen Empfinden.
Vollkommenheit auf dieser Erde
ist nicht vorgesehen.
Nur im Widerspruch
lässt die Gegenseite sich erkennen.

Verschmelzung

Wir leben zwischen Wohlgefühl und Schmerzen
und streben nach der eigenen Balance.
Das setzt Tätigsein voraus
in der Hoffnung auf das Gute.

Wenn man in allen Lebenslagen
einen Ausgleich sucht und
man sich irgendwie getragen fühlt,
wächst die Gelassenheit.

Wenn es gelingt, mit liebevollem Herzen
durch die Welt zu gehen,
dann spürt man die Verschmelzung
zwischen Schmerz und Wohlgefühl.

Einblick in Befindlichkeiten

Es gibt Lebenszeiten,
da scheint nichts mehr zu gehen.
Der Ausgang ist blockiert,
alle Wege sind versperrt,
du gibst dich deiner Schwachheit hin,
wälzt dich in deinen Schmerzen.
Ihr Gesicht verloren hat die Zukunft,
die Perspektiven werden blasser,
in den Seilen hängt die Hoffnung.

Du reflektierst die Zeit
und nimmst sie, wie sie ist.
Was nützen all die Fragen:
Warum ich? Warum nicht die anderen?
Im Licht der Wahrheit stellst du fest:
sie alle kennen auch Blockaden,
nur zu anderen Zeiten.
Deine nunmehr offenen Augen
weiten sich am Horizont.

Plötzlich sind sie da,
die treuen Helfer in der Not,
im Gepäck die neuen Chancen.
Sie heben dich aus deiner Dunkelheit,
beleben dich mit frischer Energie,

begleiten dich im Stillen
auf deinem Pfad der Gnade.
Du erkennst den Weg
in der Veränderung.

Innere Spannung

Das Schwanken innerer Spannung
bestimmt unser aller Leben.
Es ist uns immer einen Schritt voraus.

Will ich oder will ich nicht,
kann ich oder kann ich nicht,
was steht mir im Wege?

Unsere Schmerzen hinken hinterher
in der Hoffnung auf die baldige Erlösung.
Nicht absehbar ist eine Überraschung.

Unerwartet steht sie jederzeit
zu einem Sprung bereit.
Wir können uns nur fügen.

Störfaktoren

Ungerahmt sind neue Wortgebilde,
frei spazieren sie durch meine Zeit.

Vom Himmel hängt der Segen schief,
er findet nicht die richtige Balance.

In tiefem Schmerz schläft eine Antwort.
Vielleicht lässt sie sich wecken.

Störfaktoren kann man nicht berechnen.
Gratis gibt das Leben sie dazu.

Es kommt ganz auf die Art und Weise an,
mit der sie sich entzerren lassen.

Innehalten? Nein. Weitermachen
mit Zuversicht auf ein gutes Ende.

Lass dich tragen

Schon wieder
ist ein schwerer Tag vergangen,
schon wieder
eine dunkle Nacht.
Die Zeit, sie fliegt dahin,
ob wir es wollen oder nicht.

Lass dich tragen
von der Hoffnung
und der Zuversicht
auf eine bessere Zeit.
Vertraue auf die innere Stimme,
die dir die Richtung zeigt.

Chance zum Häuten

Hin und wieder
verliere ich die Leichtigkeit,
dann spüre ich
die Schwere meines Körpers
und den Schmerz,
der überall spazieren geht.

Die innere Auszeit
bietet in der Stille
mir eine Chance zum Häuten.
Irgendwann gleite ich aus meiner Hülle
wie ein Schmetterling davon,
im Gepäck die neuen Träume.

Prüfung

Manchmal legt das Leben uns
auch ohne Worte
eine große Prüfung vor.

Schmerzhaft kämpfen wir
um unsere Wirksamkeit,
um das bewusste Ja und Nein,
um eine innere Entscheidung.

Gefragt am Ende
ist die Handlung neuer Taten
im Zustrom starker Energien.

Ein abgelegter Schmerz

Ganz plötzlich ist der tiefe Schmerz verschwunden.
Die Lebensschwere löst sich auf in Leichtigkeit.
Es ist, als sei Raum und Zeit verschmolzen
und ungeglaubte Wunder würden wahr.

Der Blick ist wieder frei,
das schmerzhafte Empfinden
hat sich ins Gegenteil verkehrt.
Tief gehende Erkenntnis ging voraus.

Ein Weilchen auf den weißen Wolken fliegen,
über allen Dingen schweben,
die Schönheit dieser Welt betrachten
im Bewusstsein einer guten Landung.

7. Hindernisse

Pläne schmieden

Mit Feuereifer Pläne schmieden
und dann sie plötzlich fallen lassen.
Du hast die Hindernisse übersehen.

Das Leben hat dir einen Streich gespielt.
Nicht alles liegt in deiner Hand,
außer in der Phantasie das Pläneschmieden.

Rot vor grün

Jeder Mensch hat seine Nische,
in der er sich bei Rot
vor seiner Wirklichkeit verkriecht.

Dort deckt er sich
mit seinen Träumen zu
und wartet auf ein grünes Licht.

Blockaden

Das Leben verteilt rote Karten.
Wünsche bleiben im Ansatz stecken.
Hindernisse versperren die Sicht.

Auf dem Wege liegen Steine.
Sie wegzuräumen erfordert Kraft,
und die ist schwach.

Wecke in dir deine Lebensgeister.
Mit ihrer treuen Hilfe
lösen sich Blockaden auf.

Vom starken Druck befreit
spiegelt sich in deinen Augen
ein helles Morgenlicht.

Blockiertes Handeln

Wenn ich weiß, dass ich nichts weiß,
weiß ich das.

Wenn ich tatenlos in meine Zukunft sehe,
lebe ich auf dünnem Eis.

Unwille! Lass dich bald besiegen
von den guten Geistern unseres Lebens.

Bliebe mein Impuls erhalten, ließe sich
im Nachhinein so manches arrangieren.

Wenn ich weiß, dass ich es weiß,
warum fällt das Handeln, ach, so schwer?

Planwirtschaft

Zuerst das Eine, dann das Andere,
immer schön der Reihe nach,
so ist der ausgedachte Plan,
aufgestellt nach der Erfordernis.
Verstand und guter Wille
reichen sich die Hand und
kämpfen gegen neue Hindernisse.

Unaufhaltsam tickt die Uhr.
Pläne sind der Anfang des Geschehens,
doch nicht alles läuft nach Plan.
Das Schicksal hat die Oberhand.
Der Volksmund fasst zusammen:
Erstens kommt es anders
und zweitens als man denkt.

Geburt der Taten

Die Vorstellungskraft
- genährt durch Wünsche und Träume -
ist die Geburt aller Taten.
Sie werden gelenkt
in ein handfestes Tun.
Hat man am Ende
sein Ziel erreicht,
wird man belohnt
mit Glücksgefühlen.

Und doch, nicht immer
geht alles glatt von der Hand.
Es sind die unüberwindbaren Hürden
und die Begrenzung
der eigenen Kraft.
Das zu erkennen
setzt Weisheit voraus.
Loslassen macht Platz
für den Neubeginn.

Arbeit geh' weg, ich komme

Mancher Mensch verdrückt sich gerne,
wenn eine Art von Arbeit ruft.
Das Schieben auf die lange Bank
hat irgendwann ein Ende.

Der Anfang kostet Überwindung.
Ist der Mensch im alten Element,
schrumpfen seine Hindernisse
zu winzig kleinen Zwergen.

Der Arbeitsplatz ist plötzlich leer,
und der anfangs faule Mensch
blickt nun staunend
den Heinzelmännchen hinterher.

Eingefroren

Einst formte es sich aus der Erde,
pendelte an Baum und Strauch.
Reiche Ernte wurde eingeholt.
Tiere liefen glücklich über Weiden
oder fristeten ihr Dasein auch im Stall.
Ihr Ende war vorherzusehen.
Eines Tages mussten sie dran glauben.

Dann kam der Mensch,
der alles mit den Augen maß,
sich bediente und seine Bäuche füllte.
Weil er nicht alles schaffte
und um das Lagern aller Leckerbissen
zu verbessern, zu verlängern,
kam zum Einsatz der Erfindergeist.
So entstanden eisgekühlte Vorratskammern.

Nun kann man sich
zu jeder Jahreszeit bedienen.
Ganz einfach nur
Tür auf - Tür zu, Luft rein - Luft raus.
Bald wächst das Eis an allen Wänden,
die Kühlung ist nicht mehr perfekt,
und überhaupt, man könnte wieder mal
von innen Kühlschrank oder Truhe putzen,
neue Übersicht wäre auch nicht schlecht.

Alles vorher aufgegessen? Nein, umsorgt.
Trotzdem wird jetzt abgetaut.
Auch Warm-Wasser-Schüsseln
kommen mit zum Einsatz,
das geht ein bisschen schneller.
Nach langer Zeit endlich geschafft!
Sieben große Schübe,
gefüllt mit vielen Köstlichkeiten,
warten auf den neuen Einsatz.
Beim nächsten Mal wird vorher
aus dem Eisraum mehr gegessen,
oder - besser - weniger besorgt.

Sonntag

Es drängt und will erledigt sein.
An hundert Orten
könnte ich beginnen.
Lieber gebe ich mich
meiner Faulheit hin,
weil heute Sonntag ist.

Es drängt und will erledigt sein.
Vielleicht ein bisschen hier,
ein bisschen dort.
Nur einen kleinen Auftakt wagen.
Schließlich fange ich von hinten an.
Egal, besser das als nichts.

Es drängt und will erledigt sein.
Ich verschiebe das auf morgen.
Die Vernunft sagt:
Ruhe vor dem großen Sturm.
Gelassenheit hat hier das Wort,
weil heute Sonntag ist.

8. Lebensstürme

Sturmwellen

Im Sturm meines Lebens
türmen sich Wellen zu Bergen,
heulen die Winde durch Gassen,
ruft mein Inneres um Hilfe.

Ich flehe um Barmherzigkeit
für einen guten Ausgang
all der misslichen Dinge.

Allmählich löst sich die Starre,
reduzieren sich abgründige Ängste.
Das Hoffen und Warten
nimmt neue Plätze ein.

Wächst das Vertrauen,
überwuchert es die Besorgnis.
Ich gebe mich dem Schicksal hin.

Auszeit

Aus den rosaroten Wolken
falle ich in meine Wirklichkeit zurück.
Vom Himmel strömt ein kalter Regen.
Als der Sturm erwacht,
fegt er meine Blätter fort.

Mein Leben nimmt sich
eine kleine Auszeit.
Rosarote Wolken
fangen alle Träume ein
und übergeben sie dem Wind.

Kopf im Sand

Du schlängelst dich durchs Leben
wie ein Regenwurm,
immer in der Hoffnung,
dass der Vogel dich nicht findet,
er will leben - und du auch.

Nicht nur Sieger wird es geben,
sondern auch Verlierer.
Manchmal nützt es wirklich,
seinen Kopf vorübergehend
in den Sand zu stecken.

Hoffnung auf das Gute

Das Schieben auf die lange Bank
hat nun ein Ende.
Das Dasein wälzt sich
in der Widrigkeit,
es fordert uns heraus
zum neuen Kampf.
Herzensdinge bekommen
ihren Stellenwert,
der Rest fliegt weg.

Befindlichkeiten rücken
in den Vordergrund.
Stille Helden warten längst
auf ihren Einsatz.
Die Uhr schlägt weiter
ihre bangen Stunden.
Das Leben lebt jetzt
in der Hoffnung
auf das Gute.

Kleiner Krieg der Sinne

Du bist so wie du bist,
nimm es hin, ordne dich ein.
Voller Angebote ist das Leben,
die Möglichkeit,
sich zu entscheiden,
liegt bei dir.

Manchmal wird gekämpft
auf beiden Seiten,
die einen wollen rein,
und andere wollen raus.
Es ist der kleine Krieg der Sinne
in ihrer Unterschiedlichkeit.

Ich wünsche dir,
dass deine innere Harmonie
die Oberhand behält.
Solange du am Ruder bist,
steuere vertrauensvoll dein Boot
in den Hafen deiner Sehnsucht.

In Erwartung

Hast du zu hoch
nach den Sternen gegriffen?
Wie fühlst du dich nun?
Vielleicht als Versager?

Lausche hinein ins Geschehen.
Verschiedene Blickwinkel
werden sich zeigen.
Am Ende wirst du ganz klein.

Vor dir liegt eine Zeit
der inneren Einkehr.
Du fegst deine Wege,
verräumst deine Fahnen.

Du wartest und wartest.
Es gibt keine Antwort.
Ich hab's nicht verdient,
wirst du dir sagen.

Im Herzen verharrt
trotz allem die Hoffnung
auf eine Erlösung, egal,
wie die Gesinnung sein wird.

Innerer Druck

Sind wir nicht alle
wie ein Vulkan?
Wir brodeln und kochen
das eigene Süppchen.

Steigt innerer Druck,
explodiert das Geschehen.
Hinaus geschleudert
zerstört es das Umfeld.

Es dauert oft lange,
bis über diese
einst brennende Sache
das Gras gewachsen ist.

Des Lebens Lauf

Pläne machen, Ziele setzen,
Kampf mit hundert Dingen.
Manchmal ist es wie im Märchen:
Schlägt man dem Drachen einen Kopf ab,
wachsen viele nach.

So ist der Lauf des Lebens,
bis das Schicksal eingreift
und ein Stopp vor Augen steht.
Die Hände sind gebunden.
Im Kopf entsteht Bilanz.

Die Begrenzung aus der Enge
löst das Leben wieder auf.
Es geht weiter wie gehabt.
Den Schwur auf die Verbesserung
verweht erneut der Wind.

Der Kampf des Menschen mit sich selbst

Der Wille steht im Vordergrund,
die Tat lässt auf sich warten.
Der Mensch kämpft ständig mit sich selbst,
er ist zugleich sein eigener Feind und Freund.
Aus weiter Ferne peilt er seine Ziele an.

Der Mensch ist dauernd unterwegs
im Kopf und mit den Beinen.
Er strebt nach der Erfüllung seines Willens.
Nur wenn er lernt, sich auch zu fügen,
wird er ausgeglichen sein.

Stein-Weg

Sie weiß, was sein muss und was nicht,
doch manchmal bleibt ihr Wille
in seinem Ansatz stecken.
Der innere Kampf beginnt.

Und dann von einer Seite
der Hagel unliebsamer Worte:
„Du schaffst das nie!"

Im starken Willen
wächst das Selbstvertrauen.
Ist ein erster Schritt getan
folgt danach der zweite.

Mit ihrem Ziel vor Augen
kann sie den Stein-Weg überwinden,
wenn sie erkennt, was wichtig ist.

Und dann von neuer Seite:
„Bewundernswert,
was du so schaffst!"

Angst

Die Angst verkriecht sich im Gefilde,
wenn man sie beim Namen ruft.

Kämpfen will sie heute nicht,
nur warnen.

Beim nächsten Mal,
da kann es anders sein.

Zielgerichtet

Im Großen wie im Kleinen
braucht jeder Mensch
ein selbst erdachtes Ziel,
ob es weit liegt oder nah,
hängt von der Sache ab
und von der Disziplin.

Er wartet auf den Einfall,
sammelt und verwirft Ideen.
Zwischendurch wendet er
sich anderen Dingen zu.
Das Ziel winkt aus der Ferne.

Seine Welt gerät ins Stocken.
Dann kommt der Nackenschlag.
In seiner Lethargie
lebt der Mensch vom Minimum.

Wie ein Strahl aus einem Himmel
schien ein Lichtblick in sein Herz.
Ideen purzelten vor seine Füße.
Er hob sie dankend auf
und pflasterte mit ihnen seinen Weg.

Es fehlte nur noch
eine kleine Leiter bis zum Ziel.
„Die Sprossen musst du selbst erklimmen",
ertönte eine Stimme,
„ich gebe dir den Halt dazu."

Leerung der Form

Ich sage dir: Gib Acht
auf deine gut gefüllte Form.

Die einen picken die Rosinen raus,
die anderen nähren sich
von deinem Kuchen.

Am Ende bleibt für dich
ein allerletzter Krümel.

Ermahnung

Nicht nur reden,
nicht nur schreiben,
nichts verschleppen,
endlich handeln.
Ja, ich weiß.

Du ermahnst.
Er ermahnt.
Sie ermahnt.
Wir ermahnen.
Ihr ermahnt.
Sie ermahnen.

Ich ermahne mich,
innerlich und äußerlich.
Ich ließ euch hängen
und bitte nochmals
um Geduld.

Im Jein

Hast du deine Frau verlassen?
Nein, sie mich.
Hast du deinen Mann verlassen?
Nein, er mich.

Du kannst es drehen wie du willst,
es kommt ganz auf den Standpunkt an.
Irgendwann ist aus dem Ja-ich-will
ein Jein geworden.

Du testest deinen eigenen Weg
im Hin und Her, im Her und Hin,
malst deine Bilder in Schwarz-Weiß,
weil die bunte Farbe fehlt.

Mit einem Mal zerbricht der Rahmen.
Im Scherbenhaufen
- wenn du Glück hast -
keimt die Liebe neu.

Glaubender Unglaube

(„Ich glaube, hilf meinem Unglauben"
Jahreslosung 2020 (Markus 9, Vers 24)

Ich **glaube**,
denn die Zuversicht ist groß,
mein Vertrauen tief,
das Gefühl von Geborgenheit
in meinem Leben,
es ist der Mut zum Glauben,
der mich hält.

Und doch...
die Wege sind nicht immer eben,
die Kräfte oft nicht stark genug.
Unglauben lässt meine Zweifel sprießen,
Hoffnungslosigkeit gewinnt an Raum.
Ohne neue Perspektive
verliere ich mich in der Sachlichkeit.

Und doch...
die Sehnsucht nach dem Glauben
bringt mein Inneres ins Schwanken,
das Gleichgewicht
läuft aus dem Ruder.
Verzweiflung mündet in dem Schrei:
Hilf mir, ich will...

Gelebte Höhen und erlittene Tiefen
sind das Resonanzgesetz des Lebens.
Ich gehe los ins neue Jahr,
neugierig und mit wachen Sinnen,
und bei Unvermögen
mit dem Hoffen
auf gnädiges Getragensein.

Das Erbarmen

Flehen wir nicht alle
um Barmherzigkeit?

Erbarmen öffnet uns die Augen
für das Leid der Welt.

Erst nach den Taten
folgt das Amen.

Neugeburt

Eine Zeitlang
lässt sich das Problem verdrängen.
Irgendwann kommt es ans Tageslicht:
Altlasten aus früherer Vergangenheit
und dann am Ende einer Liebe
der erlittene Fluch.

Die Schuld liegt im Verborgenen,
das jahrelang den Himmel
in den schönsten Farben färbte,
bis die Nacht begann
und das Mysterium für immer
in der Dunkelheit verschwand.

Dann, nach Jahren,
kam jemand mit ins Spiel,
der das Licht anknipste
und in der Helligkeit ein Herz entdeckte.
Nun begann die Neugeburt
für ein anderes Glück.

Der Fluch von damals
hat begonnen,
sich langsam aufzulösen.
Das Leben mischte seine Karten neu.
Der Joker trägt die Farbe
der Versöhnung.

Herausforderung

Hat das Leben
dich herausgefordert,
bekommst du eine Chance
dich zu bewähren.

Hast du deine Prüfung
dann bestanden,
erhöht sich deine Lebensqualität.

Nicht nur Erfahrung
macht das Dasein reich,
sondern auch die Annahme
der Konsequenzen.

Die Diagnose

Du lebst in den Tag,
als hätte dein Dasein
kein Ende.
Die Diagnose sagt plötzlich:
so oder so,
beides nicht gut.

Das Eine fordert heraus,
das Andere schaltet dich
langsam ab.
In deinem Kopf
läuten die Glocken
gehörig Alarm.

Mal' nicht den Teufel
an deine Wand,
wird man dir sagen.
Das Endergebnis
steht immer noch
in den Sternen.

Jetzt sollte vor allem
die Hoffnung wachsen
und positives Denken.

Wie dem auch sei,
die innere Kraft wird
dich tragen.

Wenn aber nicht?
Dann lege dein Schicksal
in Gottes Hand.
Er wird dir ganz sicher
seinen grandiosen
Wohnsitz zeigen.

Schrei der Meere

Die großen Wasser dieser Welt
schreien laut um ein Erbarmen.
Sie sind verstrickt mit der Vermüllung unserer Erde,
einer tödlichen Bedrohung ihrer Meer-Bewohner
und der Zerstörung ihrer Vielfalt.
Der Himmel hat bereits die Strafe festgelegt.

Noch ruht in der Verwarnung eine Chance.
Würden all die Geier der Profite sich verringern,
könnten viele Menschen besser leben.
Das Erkennen des Zusammenhangs
zwischen ausgebrannter Erde
und der Wut der Meere liegt im Coma.

Vielleicht gibt's einen Ausweg zum Erwachen:
wenn klare Sonnenstrahlen leuchten,
die der Mensch als Energien bündeln kann,
wenn kein saurer Regen fällt,
wenn die Wälder unbeschadet wachsen dürfen
und natürliche Ressourcen Anklang finden,

wenn der Mensch die eigene Kraft erkennt
und er weiterhin global bestrebt ist,
sich zum Wohl der Erde zu vernetzen,
statt auf dem fremden Mars zu forschen. →

Sonst wird eines Tages unser abgestorbener Planet
ein Projekt für andere Forscher sein.

Wenn keine Taten folgen,
die des Menschen Lebensraum beschützen,
stürzt er sich durch eigene Schuld ins Chaos.
Noch haben wir das Ruder in der Hand,
wir alle, die wir heute oder morgen leben wollen
im Einklang mit der wunderbaren Schöpfung.

9. Vernetzte Wege

Auf allen Wegen

Linker Weg führt rechts herum,
rechter Weg führt links herum.
Der Mittelweg führt schnurstracks
und direkt zum Ziel,

wäre da nicht noch
ein Umweg zu bedenken
und Verwirrungen im Labyrinth.

Füße müssen Wege gehen,
die vom Inneren gezeichnet sind.
Ein Herz kann Schranken überwinden.
Nur die Seele, die kann fliegen.

Gesegneter Gedanke

Im **Kopf** entsteht der Gedanke
der **Bauch** kontrolliert die Gefühle
das **Herz** trifft danach die Entscheidung
der **Körper** agiert auf Befehle
der **Segen** schließt dann den Kreis

Zwei starke Pole

Manchmal möchte ich die Welt umarmen,
manchmal lieber mich verstecken.
Einerseits bin ich erwachsen,
andererseits bin ich ein Kind.

Nein, einen Dauerzustand
der Gefühle gibt es nicht.
Es sind zwei starke Pole,
die mein Inneres zusammenhalten.

Ja und nein

Ich könnte, wenn ich wollte,
ich wollte, wenn ich könnte,
es ist ein Schaukeln hin und her.
Am Ende muss ich mich bemühen
für einen Weg der Machbarkeit.
Das Leben drängt zum Handeln,
auch ohne mich zu fragen.
Ich muss mich stets entscheiden
zwischen Ja und Nein.

Integriertes Leben

Der Sinn des eigenen Daseins
liegt im Gesamtwerk,
andere bestimmen den Wert.

Die persönliche Freiheit
stößt immer an Grenzen.

Wer seinen inneren Frieden lebt,
formt einen Teil
der äußeren Harmonie.

Empfindungen

„Wenn das so weitergeht,
dreh' ich noch durch",
sagt man sich oft.
„Ich fühl' mich wohl in meiner Haut,
es könnte gar nicht schöner sein",
heißt es ein andermal.

Warum diese Gegensätze?
Nur die Kontraste
zieh'n sich gegenseitig an.
Gäbe es das Eine nicht,
würde man das Andere
nicht so extrem empfinden.

Glückliche Gefühle

Das Glück befruchtet Gefühle,
Gefühle befruchten das Glück.

Das zu steigern ist nicht möglich,
sagt das beschwingte Herz

Es fängt an zu singen
und klatscht den Takt dazu.

Im Dialog mit sich selbst

Selbstgespräche sind normal.
Das unsichtbare Gegenüber ist wertefrei.
Es ist der Widerhall in deiner Welt.

Du bist nicht allein
im Dialog mit unserem Gott.
Er ist das Echolot in deinem Leben.

Chorgesang der Sünden

Sünden sind ein Fehlverhalten
mit und ohne Folgen,
lupenrein ist niemand.
Manche haben lange Beine.
Damit laufen sie vorweg
oder aber hinterher.

Gelegentlich versammeln sich die Sünden
zu einem großen Chorgesang.

Töne können Mauern sprengen,
auch auf Nimmerwiedersehen verhallen.
Sündenfreie Menschen gibt es nicht.
Doch manche müssen gleich
aus jeder Mücke
einen Elefanten machen.

Antipathischer Fortschritt

Du willst dich nicht mit aller Welt verbinden
und fremdgesteuert durch das Leben gehen.
Und doch: Mal sehen, was die Welt so macht.

Das Warten auf den Klingelton
von deinem Phone hat dich erfasst,
der Zeigefinger ruft nach der Bedienung.
Auf der Lauer liegen Webs und Apps,
die SMS-en woll'n sofort gelesen sein.
Und tausend Fotos woll'n bewundert werden.
Blitzschnell rollen Bilder ab vor deinen Augen.

Das müde Hirn umgibt sich geistig
mit einer Art von Umweltschrott
und speichert ihn in deiner Seele.
Es gibt tausende von virtuellen Mitverfolgern,
doch am Ende bist du ganz allein.
Wo sind die warmen Hände
und die Wangen, die man streicheln kann?
Wie küsst man Tränen vom Gesicht?

Die Zeit, die Zeit, sie rennt davon
mit den Jahresringen im Gepäck.
Du liegst flach mit krankem Kopf
und virtuellem Übermaß.
Hinter deinem Vorhang blüht die Rose,

und du siehst sie nicht.
Doch ihr Duft erinnert dich
an die verlorene Wirklichkeit.

Erfüllte Wünsche

Erfüllte Wünsche verlieren die Spannung
und fallen vom hohen Berg in das Meer.

Als Treibholz landen sie an einem Strand
und hoffen inbrünstig, dass jemand sie findet.

Flugs werden sie wieder Träume erwecken,
die sich erneut in Wünsche verwandeln.

Insel-Wiederholungstäterin

Am Meer geboren
zieht es mich immer wieder
an die große See zurück,
wobei die eine Nordseeinsel
nun ein Favorit geworden ist.
Ich bin eine Wiederholungstäterin.

Es genügt, wenn ein Kornfeld
wellenartig sich im Winde wiegt.
Gleich nimmt die Sehnsucht Formen an.
Die Fiktion fliegt dann sogleich
von diesem Feld zum Meer
und mit ihm eine große Hoffnung.

Unbeschreiblich ist die Freude
wenn es mir gelingt,
dass meine Wünsche Wahrheit werden.
Auf der Fähre schweift mein Blick
an den mir bekannten Horizont,
aus dem sich langsam meine Insel schält.

Insel-Fühlen

Die Insel lebt
nicht nur allein aus sich heraus,
sondern auch aus den Gefühlen,
die sie in den Himmel heben.

Seit Jahren wandern
die Gedanken vieler, vieler Gäste
zwischen Dünen, Sand und Meer,
und die Sehnsucht zieht sich Flügel an.

Irgendwann verzaubern sich Gedanken
in die gewünschte Wirklichkeit.
Der Eine sagt: Sie geht hinaus.
Der Andere sagt: Sie kommt zurück.

Und dann der herzliche Empfang
von den bewohnten Dünen!
Für ein paar Tage
ist die alte Welt vergessen.

Die Insel hat das Herz erfasst
und spielt mit den Gefühlen.
Den Applaus der Wellen
verweht der Wind im Meer.

Sonnenbahnen

Ich stehe auf der Düne
und schau hinaus aufs Meer.
Die Sonne fällt und fällt,
bis sie den Horizont berührt.

Vor meinen Augen
zieht sie sich zurück ins Meer.
Das ist Romantik pur.
Doch die empfundene Wirklichkeit
wird hier ins Gegenteil verkehrt.

Ich bin verwurzelt
mit dem Land am Meer.
Gemeinsam drehen wir uns abends
rückwärts von der Sonne fort,
um am anderen Morgen
uns wieder zu begegnen.
Vor meinen Augen
steigt nun die Sonne in die Höhe.
Ich wandere auf sie zu.

Das verlorene Wort

Hallo, Wort!
Wo bist du?
Hast dich versteckt?
Bist du verreist oder
sogar ausgewandert?
Ich suche dich in allen Ecken,
auf allen Wegen, in allen Straßen.
Die Eselsbrücke führt ins Leere.
Doch plötzlich,
wie aus einem Hut gezaubert,
bist du wieder da,
und - o Wunder -
auch der jüngst
vermisste Schlüssel.

Wundersames

Der **Zufall** und das **Wunder**
sind Begebenheiten,
die man nicht verstehen kann.
Plötzlich sind sie da,
und niemand weiß sie zu erklären.
Im stillen Glauben präsentieren sie sich
als kostbares Geschenk.

In der Kunst vereint

Künstlerin in Bild und Form,
Künstlerin in Wort und Herz,
sie trafen sich vor vielen Jahren
in einer kleinen Galerie.
Hier stellten sie die Werke aus.
Später, hinter den Kulissen,
teilten sie sich Freud und Leid.

Mit ihren Herzensbuben
bereisten sie die ganze Welt,
die eine in der Wirklichkeit,
die andre meistens nur
mit ihrem Finger digital.
Selbst in der Ferne
waren sie sich immer nah.

Nun stehen sie gemeinsam
vor dem Reichtum
der Vergangenheit
und stellen dankbar fest:
Sie sind sich nah, wie eh und je,
denn ihre Lebenskunst
vereinte Herz und Seele.

10. Sinnsuche

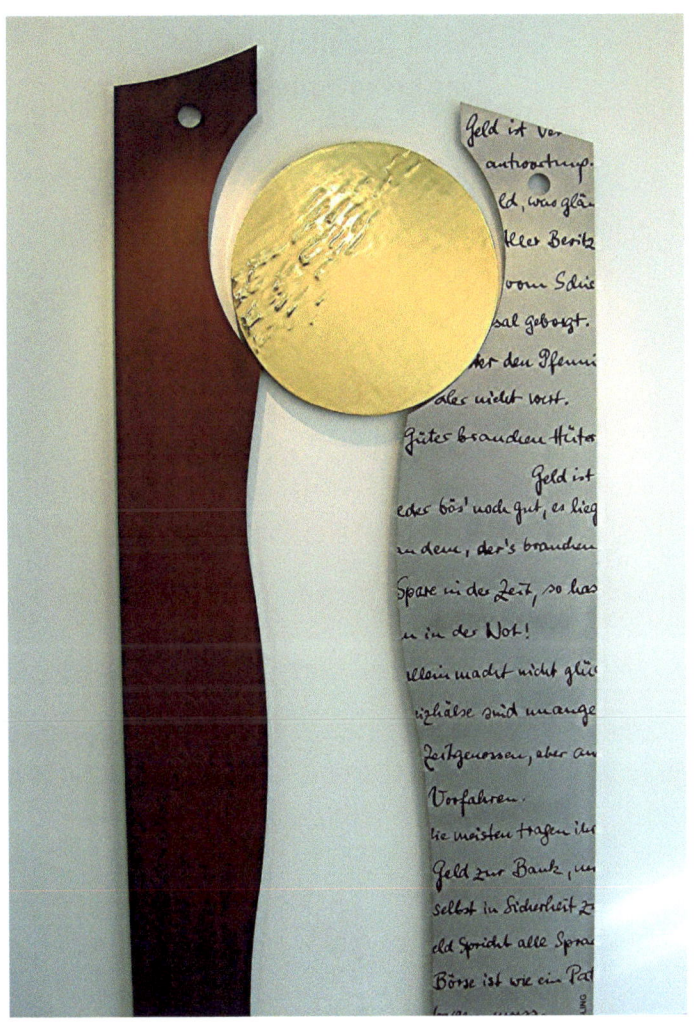

Ideenreichtum

Aus einer Zelle entsteht die Idee.
Das Streben für deren Erfüllung
setzt reichliche Kräfte frei.
Das Leben spielt seine Rolle.

Im Rückblick erschließt sich
die Einheit des Ganzen,
in tiefer Erkenntnis
auch deren Sinn.

Worin liegt der Sinn

Zum Lebenslauf gehört die Überraschung,
denn manchmal kommt es anders,
als man denken kann.
Der eigene Plan gerät ins Wanken,
man stolpert mühsam hinterher
und versteht die Welt nicht mehr.

Wo liegt der Sinn dieser Veränderung,
die ungewollt die Macht ergriffen hat
und den eigenen Willen überdeckt?
Doch das WARUM steht weiter
schweigend in dem Raum,
es wartet irgendwie auf die Erlösung.

Das ist die Zeit der Reflexion,
der Demutshaltung und der Akzeptanz.
Irgendwann wird es im Hinterstübchen
langsam hell und heller.
Die Welt erstrahlt in einem anderen Licht
und offenbart den nachgefragten Sinn.

Sinnfindung

Wer beharrlich nach dem Sinn
des eigenen Lebens sucht,
wird ihn sicherlich auch finden.

Er offenbart sich unverhofft
und fordert freundlich auf
zum neuen Handeln.

Lebensphasen

Manchmal ist es ein erhabenes Gefühl
zu erkennen,
wie Lebensphasen ineinander greifen
und gegenseitig Einfluss nehmen.
Das erklärt ein Wachsen
innerer Gelassenheit.

Sinnbilder

Bilder schmücken unsere Fantasie,
gemalt sind sie zum Greifen nah.
Eingebrannt sind alle Werke
aus der Vergangenheit.

Setz deine Existenz
nicht in einen starren Rahmen,
leb mutig jetzt und hier
in der Gestaltung deiner Gegenwart.

Du wirst dich wiederfinden
in deinen eigenen Bildern.
Sie werden eine Offenbarung sein
für dich als Individuum.

Richtungweisend

Ja oder nein,
tun oder lassen.

Manchmal ist es schwer,
sich zu entscheiden.

Plötzlich kommt da einer,
der dir die Richtung weist.

Dein Auftrag ist
die Sinnerkennung.

Reduziert auf ein Minimum

Ja und **Nein**
sind zwei Antworten auf Fragen.
An und **Aus**
ist das Leben selbst.

Das Dasein reduziert sich
auf vier Worte,
sie stehen nicht
im Widerspruch.

Die Klärung
nach dem Sinn des Lebens
offenbart sich nur
in der Erleuchtung.

Im stillen Innehalten

In einem stillen Innehalten
offenbart das Leben seine Seiten.

Der Blick auf die Vergangenheit
lässt die Gegenwart im Licht erscheinen.
Du erkennst die neuen Chancen,
baust sie gedanklich in die Zukunft ein.

Im Vertrauen auf das Segensreiche
lehnst du dich erwartungsvoll zurück,
bist bereit für den Einsatz deiner Gaben.
Der Himmel über dir lenkt deine Zeit.

Nur im stillen Innehalten
offenbart das Leben alle Seiten.

Glücksfindung

Die einen gehen, die anderen laufen,
die einen rennen, die anderen hetzen.

Jeder glaubt am End' ein Glück zu finden,
doch stets am Horizont entrückt das Ziel.

Such' das Glück nicht in der Ferne,
es wartet in der Gegenwart auf dich.

Der Mensch sei wie er ist

Warum soll denn
ein Mensch sich ändern?

Man lasse ihn so wie er ist.
Jedermann hat eine andere Sicht.

Wer mit dem Herzen sieht,
bewertet anders.

Eingeengte Selbstentscheidung

Wenn du dich entscheiden darfst,
nimmst du Einfluss auf dein Leben.
Es ist die absolute Freiheit.

Nicht immer darfst du selbst entscheiden,
dann heißt es nur: sich fügen.

Ein Rebellieren ändert nichts an dem,
was vorgegeben ist.

An Bestimmung kannst du glauben
oder aber nicht.

Die damit eingeengte Selbstentscheidung
lässt anderen mehr Raum zum Handeln.
Das ist Solidarität.

Sinnsuche

Die kleine Philosophin
sucht den Sinn des Lebens.
Sie wandelt Taten um
in die Erkenntnis:
Wir sollten leben
im Bewusstsein
der Veränderung.
Alles fließt.
Wir sind der Zustrom
zur Unendlichkeit.

Die Lebensgärtner

Einer hat ein Feld,
ein anderer einen Garten,
ein dritter hat nur einen Blumentopf.

Alle drei behüten ihre Pflanzen,
atmen ein den Duft der Blüten,
rühmen ihre Samen
und säen wieder neu.
Ob Feld, ob Garten
oder Blumentopf, das ist egal.

Jeder Mensch an seinem Platz
trägt zur Gesamtheit bei.
Der erhoffte Segen kommt von oben.

Brunnen der Ressourcen

Den Höhepunkt im Leben
nimmt man erst richtig wahr,
wenn er längst vorüber ist.
Dann spult sich die Vergangenheit
in alten Bildern ab.
Einige sind bunt
und andere schwarzweiß.
Im Blick zurück vereinen sie sich jetzt
zu einem großen Ganzen.
So war bisher dein Leben.

Aber es ist nicht vorbei.
Jetzt wird geschöpft
aus dem Brunnen der Ressourcen.
Erfahrung gibt dem Dasein
einen neuen Sinn,
Gelassenheit glättet alle Wunden,
Herzensliebe, die Bestand hat,
schenkt dir Kraft im Alter.
Ist der Brunnen dann versiegt,
winken dir die Ahnen zu.

Selbstfindung

Ich habe jahrelang
nach mir gesucht
und nun den Weg
zu mir gefunden.

Ich bin ein Individuum,
das sich verliert
im philosophischen
Gedankengut.

Eigene Lebenslinien

Keine Universität besucht
doch dauerhaft studierend:

in Sachen Leben und Lieben
im Hier und im Jetzt,
dem Entstehen, Verlöschen
von großen und kleinen Impulsen
mit Respekt vor der Schöpfung.

Ein lohnendes Ziel ist das Spüren
von göttlicher Nähe im eigenen Herzen.

Es wäre schön

Irgendwann warst du da.
Man hat dich vorher nicht gefragt.
Das Dasein macht dir Angebote
und breitet seine Chancen aus.
Deine Freiheit ist der Wechsel
zwischen Ja und Nein,
zwischen Tun und Lassen.

Es wäre schön, wenn jemand
dich von oben sieht,
schweigend deine Schritte lenkt
und dir den Sinn des eigenen Lebens
zu verstehen gibt.
Oder hat er dieses
nicht schon längst getan?

Denkende Tageszeitung

Das, was in der Welt geschieht,
ist Futter für mein Schwarz und Weiß.
Ich setze Bilder in ein rechtes Maß,
um Emotionen zu bedienen,
verbinde mich mit Lesern und Betrachtern,
den großen und den kleinen,
auch mal mit den Neunmalklugen.

Ich trage Neuigkeit ins Land hinein,
manchmal auch ´nen alten Hut,
rücke Wirklichkeit ins Licht
und fordere auf zur Meinungsbildung.
Ich bin ein gutes Tagesmaß
aus Politik und Unterhaltung.
Wenn die meisten Menschen schlafen,
rasen alle Druck- und Faltmaschinen
für das Endergebnis der Recherche.

Durch des Heinzelmännchens Fleiß
lande ich bei Nacht und Nebel
in den ausgekühlten Kästen
meiner hoch verehrten Kundschaft,
warte auf den warmen Frühstückstisch
und wünsche allen Zeitungslesern
einen schönen „Guten Morgen".

11. Neue Chancen

An der roten Ampel

Die Ampel stand auf rot
und du haarscharf
an deiner Grenze.

Es rauschten jetzt
die anderen an dir vorbei,
du musstest warten.

Kurze Zeit für die Bilanz
und für den Schwur
auf eigenes Versprechen.

Dann plötzlich grün.
Der Weg mit seinen Kanten
führt hin zu neuen Chancen.

Funke der Hoffnung

Ich nehme mir vor,
das Eine zu tun,
das Andere zu lassen.
Ich lebe in Hoffnung
auf bessere Zeiten.

Die Wirklichkeit sieht anders aus.
Auf der Überholspur
nähert sich das Unheil.
Meine Energie zieht sich zurück
in die Reserve.

Das Eine tun,
das Andere lassen,
das Leben formt sich
in der Gegenwart
nicht so wie ich es möchte.

Solange noch
ein Funken Hoffnung
bei mir übrig bleibt,
ist es für eine Wende
nie zu spät.

Auf Sparflamme

Mein Tank ist fast leer.
Das Leben schaltet auf Reserve.
Sparflamme leuchtet
die Räume nicht aus.
Ecken bleiben im Dunkeln.

Was nützt mir die innere Einkehr,
wenn ich die Quelle
des Lichtes nicht finde?
Was nützt mir die Einsicht,
wenn keine Taten folgen?

Vielleicht ist die Hoffnung
der Schlüssel zum Licht.
In ihr verbergen sich Potentiale,
die irgendwann kraftvoll
die innere Freiheit erobern.

Der Gehetzte und sein Ziel

Immer wieder alles auf den letzten Drücker,
immer wieder der bekannte Stress hoch drei,
immer wieder innere Glocken,
die den neuen Sturm einläuten.

Immer wieder diese Einbahnstraßen
mit den leeren Häusern ohne Leben.
Immer wieder dies Versprechen:
Ein nächstes Mal wird alles anders,
auch der Haufen, der abgetragen werden will.

Geduld und Langmut
haben irgendwann ein Ende.
Nach der letzten Einsicht
endlich das Versprechen.
Aber Vorsicht! Schwöre nicht!

Der Wille und die Taten
gehen oft getrennte Wege.
Am Ende haben sie dasselbe Ziel:
Eine innere Harmonie.

Aufstellung

Es ist wie es ist.
Das muss nicht so sein.
Du kannst, wenn du willst
etwas verändern.

Die Vergangenheit
ruht nicht für immer.
So manches Unerledigte
kehrt in die Gegenwart zurück
und will erneut beleuchtet sein.
Hier wird es aufgestellt,
im offenen Bewusstsein
neu verschoben.

Mit der Gedankenreise
entsteht die Neugeburt.
Sie beeinflusst die Veränderung
in deiner Zukunft.

Gordischer Knoten

Es gibt Momente in unserem Leben,
die sich in der Schwebe halten,
sie fallen nicht ab,
sie steigen nicht auf,
sie halten die Schöpfung in Atem,
bis ein gordischer Knoten sich löst
und neue Energien fließen,
die unsere eingefahrene Welt verändern.

Aus einer anderen Perspektive

Ja, sagst du, ich will aktiv
mein Leben neu gestalten,
obwohl am Horizont
die Sonne langsam untergeht,
sich mit dem Blick ins Abendrot
das Ziel langsam verliert,
denn Stillstand gibt es nicht.

Wie wäre es, wenn du dich
um die eigene Achse drehst
in Richtung Morgensonne?
Dann steigt am Horizont
das helle Licht empor
und deine Chancen werden sichtbar.
Hier kommt es auf die Perspektive an.

Geschliffenes Leben

Das Leben ist ein Edelstein,
facettenreich geschliffen,
brillant in vielen Farben:

in rosaroten Wünschen,
in kunterbunten Träumen,
in farbenreicher Wirklichkeit.

Nimm dankbar diese Farbenpracht
in deine Gegenwart hinein
und lass dich weiter schleifen.

Stille Einkehr

Manchmal sind wir blind,
manchmal sind wir taub,
manchmal sind wir stumm,
manchmal fühlen wir uns so allein.
Auf unserem Weg des Schweigens
suchen wir nach einer Hand,
die uns hält.

Wir warten auf das erste Wort
unserer inneren Stimme.
Es ist der Zeitpunkt
dieser stillen Einkehr,
ein Augenblick der Einsicht,
der Bilanz, der Selektion
und des Versprechens.

Plötzlich schwebt im Raum
das Wort „Vertrauen",
es öffnet die verschlossenen Türen
zum Reichtum der Ideen.
Sie werden unsere Zukunft prägen,
uns neue Wege weisen
für eine bessere Welt.

Hoffnung lässt uns leben

Das Zugpferd unseres Lebens
ist die Hoffnung.
Sie verbindet Wünsche
mit der Wirklichkeit.

Sie fällt, steht auf
und zieht dich
immer wieder weiter.

Aus nicht erreichtem Ziel
wird neue Kraft geboren,
um eines Tages
deine Hoffnung zu erfüllen.

Verschwunden

Gesucht und nicht gefunden,
weg ist weg.
Verzweifelte Gedanken
jagen einem Ärger hinterher.

Man stellt sich die Frage:
War das wirklich wichtig?

Schließlich kommt man
zur Erkenntnis:

Der Missmut lohnt sich nicht,
denn weg ist weg.
Nun hat das Neue Platz,
sich zu entfalten.

Selektieren

Selektieren ist nicht immer nur verlieren.
Es bilden sich veränderte Strukturen,
die sich dann vermehren.

Im Hinblick auf die alten Wurzeln
verstärken sich die Kräfte
für die Erweiterung der Zukunft.

Vertrauen

Mehr und mehr fragst du dich:
Wann wird alles wieder gut?

Vertrauen macht die Zweifel stumm.

Gib dich dem Schicksal hin,
und denke an das Gute.

Die Zukunft nimm gelassen an.

Termin-Sache

Die Bewährungsfrist
ist bald vorbei,
die Zeit, sie drängt,
die Pläne laufen kreuz und quer
und finden nicht ihr Ende.
Im Kopf spukt der Termin.

Ein Geistesblitz wirft Licht
auf den Kalender.
Du hast dich ja geirrt!
Statt Ärger nun die Freude.
Ein paar Tage mehr geschenkt.
Dein Termin ist eine Woche später.

Saure Suppe

Sich selber ein Versprechen geben
und es dann nicht halten,
ist wie Essig in der Suppe,
auslöffeln muss man sie alleine.

Wer sich seine Unvollkommenheit
und seine saure Suppe
selbst verzeihen kann,
bekommt dafür auch neue Chancen.

Lob

Lob am richtigen Ort
zur richtigen Zeit
wirkt wie ein Lebenselixier,
es nährt das seelische Befinden
und regt zu neuen Taten an.

12. Ausklang

Wechselwirkung

Der Start - das Ziel,
der Anfang - das Ende,
es werde - es war
sind keine Gegensätze,
sondern eine Wechselwirkung.
Sie sind das Resonanzgesetz
aller Beweglichkeiten.

Das zu erkennen und zu akzeptieren
ist fortgeschrittene Reife.
Das Lebensalter ist nicht relevant.

Im Hinblick auf die Einheit
lässt sich sagen:
Lebe deine Gegenwart bewusster.
Akzeptiere ohne Widerstand
das, was ist und das, was kommt.
Fühle dich umarmt
vom Geiste des Geschehens.

In reifen Jahren

Sage nicht „ein letztes Mal".
Lass alle Tore offen.
Immer wieder hält das Schicksal
Überraschungen bereit.
Wenn sich eine Türe schließt,
geht eine andere auf.

Dass eines Tages
ein Teil der Kräfte schwindet,
ist normal.
Es bleibt ein Potenzial,
um das Leben weiter zu gestalten,
auch wenn sich manches ändern wird.

Nicht alle Wünsche
lassen sich erfüllen,
die kleinsten wiegen umso mehr.
Dankbarkeit, auch für die kleinen Dinge,
ist eine gute Basis
zum Keimen neuer Hoffnung.

Zeit der eigenen Stille

Wenn die Tage blasser werden,
leuchten die Erinnerungen auf.

Das Leben spult sich
hin und wieder rückwärts ab.

Fantasien fangen an zu blühen,
Träume nehmen Farbe an.

Die Zeit der eigenen Stille
gewinnt an Raum.

Wünsche reduzieren sich
auf ein Minimum.

Es ist die Zeit, in der
ein innerer Frieden Heimat sucht.

Unwissenheit

Genau genommen
ist das Leben unberechenbar.

Wer kennt genau sein Herz?
Wer weiß genau, was andere denken?
Wer bestimmt das Schwarz und Weiß?
Wer kann in die Zukunft sehen?

Unerwartet geht etwas zu Ende.
Unerwartet steht was anderes auf.
Mittendrin die eigene Befindlichkeit.

Für ein offenes Ende
kann Zuversicht die Stütze sein.
Der Glaube an die Himmelsmacht
weist auf Richtungspunkte hin.

Mag kommen dann, was will.
Im Gott-Vertrauen lebt sich's besser.

Reduzieren

Reduzieren, heißt das Wort.
Weniger ist mehr.
Behalte deine Übersicht.

Leichtigkeit ist angesagt,
denn die müden Knochen
werden langsam schwerer.

Das ist die Lebensbürde.
Wie du dich dabei fühlst,
kommt auf die Schwere an.

Es wird immer
einer da sein,
der dir hilft zu tragen.

Pläne im Wandel

Pläne entstehen immer im Kopf
durch Druck der Notwendigkeiten.

Sie werden sortiert
zwischen Tun und Lassen,
sie pendeln von Schmerzen
zu einem geliebten Wohlgefühl.

Unberechenbar ist der Störenfried.
Er wirft alle Pläne durcheinander
und zeichnet nun andere Wege auf.
Das letzte Wort hat die Entscheidung.

Ob so oder so, am Ende
kommt alles aufs Gleiche heraus.

Du bist wie du bist,
ein geerdeter Mensch, ein Rad im Gefüge,
ein Macher, ein Träumer,
und immer gelenkt von Gefühlen.

Jeder lebt in seinem Element,
schöpft aus eigener Phantasie,
bis sich seine Grenzen
in weiser Endlichkeit verlieren.

Lebensreichtum

Es kann nicht alles sein
wie es mal war.
Die Zeit hält dir den Spiegel
vor dein alterndes Gesicht.

Es war einmal,
und jetzt ist heute.
Die Ernte liegt bereit.
Im Inneren trägst du
die Fülle der Gefühle.

Der Reichtum deines Lebens
offenbart sich dem,
der einen Schlüssel hat
zu deiner Seele.

Irgendwann

Die Schritte werden kleiner,
die Wege werden kürzer,
die Grenzen werden enger.

Weite Reisen leben
nur noch in der Fantasie.

Den Gedanken wachsen Flügel.
Sie schweben fort in eine Welt
mit vielen bunten Farben.

Kerzenschein

Das Leben ist wie eine Kerze,
die Licht und Schatten spendet
und sich selbst verzehrt.

Der Schöpfer neuer Formen
bleibt unsichtbar
in der Erleuchtung.

Individuell

Der Körper braucht Kraft zum Leben,
der Geist ernährt sich von Inspiration,
die Seele hüllt sich in Schweigen.

Wir fühlen, wir ahnen, wir hoffen,
wir werden getragen vom Glauben,
ganz individuell.

Gegensätze

Der Start und das Ziel,
der Anfang, das Ende,
das Leben, der Tod,
es werde, es war,
sind keine Gegensätze.
Sie sind das Weltgesetz
und die Beweglichkeit
im Denken.

Lebensbejahung

Die Gegenwart genießen,
ich bin hier und will es bleiben.

Dankbarkeit empfinden
für das Hier und Jetzt.

Erinnerungen reflektieren:
alles hatte seinen Sinn.

Sammelsurium

Zuerst springt es ins Auge,
dann ins Herz,
du hast es an die Brust gedrückt
und schließlich mitgenommen.
Der Verstand hat Pause.
Ein andermal ist es ein Ding, das glänzt.
In einem Freudentaumel
nimmst du es zu dir nach Haus.
Du leuchtest selbst in seiner Sonne.

Der Eine liebt die voll gestopften Räume,
der Andere zieht kahle Wände vor.
Der Eine lebt in seinem bunten Reich,
der Andere in seiner Nüchternheit.
Das Ganze gleicht dem Nestbau eines Vogels,
der Eine polstert fleißig aus,
der Andere bevorzugt einen Brutplatz
zwischen kahlen Steinen.

Wenn auch die Dinge
nach und nach verblassen,
sie sind ans Herz gewachsen
und integriert im großen Ganzen.
Irgendwann stellt sich die Frage:

Wohin mit all dem Sammelsurium?
Trennung von den lang geliebten Dingen
fällt sehr schwer,
denn hier vereinen sich Erinnerungen.

Es ist nicht leicht,
den goldenen Mittelweg zu finden.
Die Zeit der Selektion rückt näher.
Die bindende Entscheidung
trifft das Leben selbst.

Entscheidung frei

Jeder Mensch hat irgendein Geheimnis,
das er hütet bis ans Ende.
Verkündet er es dann der Welt
oder nimmt er's mit ins Grab?

Braucht er Erleichterung
oder sonnt er sich in der Erinnerung?

Er allein trifft die Entscheidung.
Ohne Einfluss anderer,
sich zu entscheiden
ist absolute Freiheit.

Offene Augen

Wenn sich meine Augen schließen,
werden sich die deinen öffnen,
für Fragen ist es dann zu spät.

Hätte ich das Eine
oder Andere getan
oder auch gelassen.

Dein Bedauern weht im Wind.
Noch sind alle Chancen offen,
unsere Augen ebenso.

Lässt sich getarnter Egoismus zähmen
und die Sachlichkeit verschieben,
gewinnt die Herzlichkeit an Raum.

Denkmuster legen ihre Masken ab
und ein zurückgebliebenes Herz
wird nicht zerbrechen.

Alles hat seine Zeit

Es war einmal.
Jung und hübsch.
Das waren Zeiten!
Heute schwelgt man in Erinnerung.

Lebensfroh und Tatendrang.
Kraftvoll in den Tag.
Seine eigene Welt regieren.
Das war gestern.

Nach und nach zeigen
einst verdrängte Worte
ihr erschreckendes Gesicht.
Die Lebensflamme reduziert ihr Licht.

Wenn man auf Vergangenes schaut,
machte alles einen Sinn.
Auf den abgeschlossenen Kreis
blickt man mit Dankbarkeit zurück.

Lebensformen

Wir alle leben irgendwie,
gemeinsam oder jeder nur für sich.

Mancher führt ein Doppelleben
in spannender Glückseligkeit.

Was ist mit dem Leben nach dem Tod?
Es ist der Punkt vom Fragezeichen.

Rückbesinnung

Als Flüchtlingskind war ich geprägt
durch bittere Armut
und versteckte Ängste.

Als Jugendliche formte mich das Suchen
nach dem Sinn des Lebens und des Glaubens,
ein Äußeres und Inneres zu finden.

Die Attribute nahm ich mit
in das Erwachsensein:
Verantwortung zu tragen,
sich anzupassen und dabei
sich selbst nicht
aus den Augen zu verlieren,
hineingewachsen in die Welt
von Liebe, Leid und Abschiednehmen,
das eigene Dasein auf den Kopf gestellt
und wieder ganz neu angefangen.

Im Rückblick: Es war alles gut.
Das Eine, es war stets
der Auftakt für das Andere.

Nunmehr erfüllen mich
ein innerer Reichtum
und große Dankbarkeit.

Wünsche

Als ahnungsloses Kind
wünschst du dir
die große Liebe, eine eigene Familie,
ein Haus, ein Auto, gute Freunde,
und Reisen um die Welt.

Im Griff zu haben
das allgemeine Wohlgefühl,
in Frieden leben, Gesundheit
und ein Alter ohne Reue,
wer will das nicht?

Blickst du zurück
auf all die Jahre
hat sich das meiste schon erfüllt.
Der großen Macht des Schicksals
von Herzen Dank dafür!

Rückschau

Manchmal in der Nacht,
wenn ich nicht schlafen kann,
ziehe ich Bilanz.

Das Leben spult sich rückwärts ab.
Da gibt es einen großen Punkt,
der die Jugendzeit verändert hat:
Das Abnabeln vom Elternhaus.
Endlich die Selbstständigkeit,
ein Aufbau ohne Widerspruch
in einer eigenen kleinen Welt.

In jeder Richtung lockten Angebote,
die wollten wahrgenommen sein
und forderten heraus zur Antwort.

Ich habe mir Entscheidungen
nicht leicht gemacht.
Oftmals waren Menschen da,
die mich unterstützten.
Der Glaube an Getragensein
gab mir immer wieder Kraft
zur Bewältigung ungleicher Wege.

Schaue ich zurück, fällt mir eines auf:
Am Ruder meines Lebens
stand und steht die Liebe.

Der Wandel

An einem Tag, ganz plötzlich,
sah er mich an mit fremden Augen.
Verwandelt hatte sich
sein altvertrauter Blick.
In stiller Pose versuchte er
mit einer Art verklärtem Lächeln
seine eigenen Zweifel fortzuwischen.
Das war der Anfang der Veränderung.

Dies wahrzunehmen,
gab mir ein Stich ins Herz,
denn mir war klar,
was das bedeuten würde:
bedingungslose Akzeptanz,
ein Alltag voller Einsatz,
das selektierte Schicksal anzunehmen,
und versuchen, sich leis zu integrieren.

Der Sommer geht zu Ende.
Wir durften reichlich Früchte ernten.
Nach und nach werden sich
am Baume unsres Lebens
die bunten Blätter lösen.
Der Grundstein unseres Daseins
war und ist die Liebe.
Sie wird uns weiter tragen.

Ohne Maske

Wenn ich mein Leben reflektiere,
fallen alle Masken ab.
Das Rollenspiel, es hat ein Ende.
Der Applaus ist längst verhallt.

Vor mir liegt ein Weg der Gnade,
der Barmherzigkeit,
der Demut und Vergebung,
der Akzeptanz und der Befreiung,
ein Weg der Liebe zu sich selbst.

Ein erweitertes Bewusstsein
im Glauben an das Gute
setzt die Zukunft
in ein warmes Licht.

Grenze des Erträglichen

Nach außen hin die heile Welt,
nach innen hin das Chaos.
Die Grenze des Erträglichen rückt näher.
Auch ein Scheitern will gelernt sein.

Plötzlich stehen andere im Raum
und reichen dir die Hände,
sie stützen dich beim Stolpern
und fangen auf beim Fallen.

Das Leben wird dich halten,
bis Illusionen Wahrheit werden.
Dann wartet die Verwirklichung
der allerletzten Wünsche.

Im Alter

Die Energie lässt nach
im Kopf, im Bein, am Herzen.
Der Alltag pendelt zwischen
Wohlgefühl und Qual.
Im Ansatz stecken
bleiben viele Wünsche.
Wohl dem, der kleine Helfer hat.
Dankbarkeit gewinnt an Raum,
auch ohne viele Worte.

Wir quaken

Quak, sagt der Frosch,
hebt den Kopf aus dem Teich
und hält Ausschau.
So wie ich auch.

Jetzt ist der Teich verlandet,
das Leben sucht
nach anderen Dimensionen.
Wie bei mir.

Quak, sagt der Frosch
und zieht sich allein
in den Wald zurück.
Ich vielleicht auch.

Versteckte Wahrnehmung

Ich möchte etwas tun,
doch mir fällt gar nichts ein.

Ich übersehe alles,
was mir einst wichtig war.

Ich drehe mich im Kreis,
der Ausweg ist versteckt.

Ich scheue Licht und Schatten
und zähle keine Tage.

Ich spüre diese Auszeit
zum Sammeln meiner Kräfte.

Ich lebe in der Hoffnung
auf ein gutes Ende.

Veränderungen

Die Schritte werden kleiner,
die Wege werden kürzer,
die Grenzen werden enger.

Weite Reisen leben
nur noch in der Fantasie.

Den Gedanken wachsen Flügel.
Sie schweben fort in einer Welt
mit vielen bunten Farben.

Rückzug

Abgeschottet.
Rückzug in die innere Welt.
Sonne scheint durchs Fenster.
Winde bleiben draußen.

Bilder aus vergangenen Tagen
kehren in die Gegenwart zurück.

Langsam formt sich in dir
eine Art von Wohlbehagen,
das langsam übergeht
in ein abgeklärtes Lächeln.

Lethargie

Ein grauer Schleier verhüllt diesen Tag.
Schemenhaft wandern Gestalten umher.
Murmelnde Worte durchqueren den Raum.
Ich fühle mich irgendwie unsichtbar.

Plötzlich gibt eine wärmende Hand
mir meine verlorenen Gefühle zurück.

Ein leises Raunen an meinem Ohr
fordert mich auf zum Gang.
Ein stützender Arm führt mich
hinaus ins Lebenslicht.

Kurz vor zwölf

Der Fuß hat die Grenze erreicht.
Der Körper steht vor der Mauer.

Dem Geist wachsen die Flügel
zur Überwindung der jetzigen Lage.

Die Seele wartet auf Abruf.
Der Mensch bittet um Aufschub.

Auflösung

Wenn sich Lebensenergien
langsam reduzieren,
werfen Träume ihre Flügel ab.

Das Dasein schaltet um
auf ein absolutes Minimum.
Das Bewusstsein löst sich auf
in der Schwerelosigkeit.

Manchmal tragen Lebende
ein Stück des Anderen
in ihren Herzen weiter.

Lebenslabyrinth

Das Leben ist ein Labyrinth
mit vielen Einbahnstraßen.
Nimmst du den direkten Weg,
verkürzt sich deine Lebenszeit.

Sackgassen fordern auf zur Wende,
Nebenstraßen weisen
auf die Vielfalt deines Lebens hin.

Der Hauptweg mit dem roten Faden
führt dich am Ende hin zum Ziel.
An der Ausgangstür
streifst du deine müden Schuhe ab.

Leben kurz gefasst

Wir leben in den Tag hinein,
als gäbe es kein Ende.

Irgendwann naht die Entscheidung:
Sackgasse oder Mündung.

Alle Wege führen
an die ausgesuchten Ziele.

Wir werden uns verflüchtigen
im Gedächtnis der Gesellschaft.

Und weiter schwebt der Erdball
im Unermesslichen.

Entwicklung in Kürzeln

- liegen - sitzen - krabbeln -
- stehen - gehen - laufen -
- stolpern - fallen - aufsteh'n -
- hüpfen - springen - tanzen -

und die Zeit rennt mit.

In der Zeit danach:

- sehen - fühlen - reflektieren -
- lieben - grollen - akzeptieren -
- schlurfen - sitzen - ruhen -
- dösen - liegen - schlafen -

Allumfassend

Wer bringt hier
das Lebensrad zum Rollen?
Wer gibt den Impuls?
Das Geheimnis wird der Mensch
nicht lüften können,
doch er ist frei,
in seiner Phantasie zu leben.

Mit Sicherheit wird er dabei
an seine Grenzen stoßen,
und er wird immer wieder
neu von vorn beginnen.

Erfunden ist die Unschuld
eines frisch geborenen Kindes,
denn es trägt in sich
alle Sünden seiner Ahnen,
aber auch die Neigungen
zur Harmonie.

Samenkörner der Natur
unterscheiden sich
in der Gestaltung,
sie gedeihen im Gefüge.

Verwoben ist das Leben
in der unfassbaren Welt
mit dem All-in-Allem.

Seine Seele wird der Mensch
nicht in den Sternen finden,
nur die Entwicklung in sich selbst.
An der Schwelle des Vergänglichen
wird ihm der Glaube
eine unbekannte Türe öffnen
für den Kreislauf der Unendlichkeit.

So wie wir sind

Gesagt, vieles gesagt,
doch manches verschwiegen.

Geschrieben, vieles geschrieben,
doch nicht immer alles.

Gesucht, manches gesucht
und einiges wieder gefunden.

Ertragen, vieles ertragen,
auch mit klaffenden Wunden.

Erlebt, eine Menge erlebt
und abgelegt im Gedächtnis.

Zurück bleibt der Einklang
im inneren Frieden.

Spiegelbilder

Staunend blickte sie in ihren Spiegel.
Wer war die Frau mit diesen weißen Haaren
und den hundert Furchen im Gesicht,
die wie ausgetretene Pfade
sich in einem Labyrinth verliefen?
Modellierte Falten,
braune Flecken auf der Haut,
die Entwicklung und das Fazit
der Vergangenheit.

Sie erkannte sich in ihrem Lächeln.
Wie der Vater, dachte sie.
Wenn seine Augen leuchteten,
begann sein Schelm zu tanzen.
Und Mutter tanzte mit,
rund um den Tisch in ihrer kleinen Stube.
Ach, wie so oft sang sie ein Lied!

Ein Hauch von Wehmut
trübte ihren Blick im Spiegel.
Die spätere Leidenszeit der Eltern
zog wie eine graue Wolke über ihre Seele.
Die alte Dame wischte die Gedanken fort.

Nun wurde sie zur eigenen Betrachterin,
die sich selbst von innen sah.

An ihr vorbei zogen Filmsequenzen,
schattenhaft zuerst, dann immer klarer.
Vor ihren Augen erschien
das kleine Kind beim Kästchenhüpfen,
das Mädchen träumend in dem Arm des Prinzen,
stillend eine junge Mutter.
Es folgte bald die attraktive Frau
mit einem Herz am rechten Fleck.

Sie hatte das Talent,
alle Geister zu erwecken,
und diese gaben ihr ein Fest,
im Frühlingszauber und im Sommerlicht,
in des Herbstes Fülle und der Winterstille.

Die Konturen aller Jahre
hat das Phänomen der Zeit verwischt.
Dünnhäutig war sie jetzt geworden,
manchmal ergriffen von Melancholie,
doch hat sie - Gott sei Dank -
hellwache Sinne.
Im tiefsten Herzen aber
war sie Kind geblieben.

Und immer wieder dieses große Staunen.
Was ist Zeit? Wo geht sie hin? Warum so schnell?
Die alte Dame mit dem weißen Haar sinnierte.
Sichtbar wurde Zeitgeschehen
durch immerwährende

Veränderungen in der Welt,
der lauten und der leisen,
von wundersamer Hand erschaffen,
sichtbar auch durch alle Wesen,
denn sie leben in und mit der Zeit.
Stets war und ist sie überall,
doch greifbar nirgendwo,
unaufhaltsam, wandelbar
in einer immer wieder anderen Gestalt.

Mit einem Mal
erschien in ihrem Spiegel
ein weiteres Gesicht,
ein liebes, sehr vertrautes.
Es strahlte so wie tausend Sonnen.
Und eine Stimme flüsterte:
„Wie schön du bist im weißen Haar!"

Freudig erregt sah sie sich um.
Sie war allein.
Die Erinnerungen flogen fort
auf dem Rücken einer Taube.

Dann öffnete sich leise eine Tür.
Die alte Dame ging den Weg,
der ihr noch blieb -
ohne einen Blick zurück.
Ihr Staunen nahm sie mit.

Auf Schwingen

Irgendwann
schließt sich meine Türe.
Dann gleite ich davon

auf Schwingen.

Eine kleine Feder
lasse ich
für dich zurück.

Aphorismen

Zufluchtsorte der Seele
vermitteln uns innere Kraft,
sie öffnen Augen und Sinne
für die Wunder des Lebens.

Beim Öffnen des inneren Auges
nimmt das Bewusstsein mehr Farbe an.

Die Natur schenkt uns Farben,
der Himmel das Licht
für erweiterte Lebensgefühle.

Der Maler bringt durch die Strahlkraft der Farben
seine Gefühle ans Licht.

Zwei Beine
können nicht gleichzeitig
zwei verschiedene Wege gehen.

Es gibt Tage, da fühlst du dich unheimlich jung,
nur auf den Fotos bist du gealtert.

Ich biete dem Sturm des Lebens die Stirne
und segle mit himmlischer Kraft
in den sicheren Hafen.

Verzettelungen
sind wie Freunde und Feinde zugleich,
doch unterwegs auf denselben Wegen.

Aufgeschoben ist nicht aufgehoben,
sondern eine Chance,
das Ziel vorübergehend
nicht aus den Augen zu verlieren.

Deine Einsicht
ist noch lange kein Geschehen,
doch sie kann der Anfang
einer Handlung sein.

Leben ist das Suchen und Finden
der Verbindung zwischen Körper und Geist.

Nicht gesucht und doch gefunden,
als Symbiose in der Lebenskunst vereint.

Der Mensch lebt nicht vom Brot allein,
er strebt nach der Erfüllung seiner Träume,
die Seele tanzt auf einem Seil
und übt sich in Balance.

Fordere Gott nicht zum Pokern heraus.
Entscheidungen hat er bereits versiegelt.

Jeder darf sich selbst befreien,
außer er verliebt sich in den Zwang

Dankbarkeit ist
ein in Demut verpacktes Wohlgefühl.

Der Weg ist nicht das Ziel, er führt dorthin.
An seinen Rändern blühen bunte Phantasien.

Jeder hat ein Recht auf Leben.
Nur im Einklang mit der Welt
kann es Frieden geben.

Chancen sind ein Angebot.
Sie erweitern deine Handlungsfreiheit.

Theorie und Möglichkeit spazieren
Hand in Hand auf unbekannten Wegen.
Die Entscheidung gibt die Richtung an.

Entscheidung zwischen Ja und Nein
kann jede Welt verändern.

Gefühle regieren die Welt.
Die Welt regiert Gefühle.

Die Gefühlswelt lebt
im Weltgefühl.

Heute
wird morgen
zu gestern.

Anhang

Inhaltsverzeichnis

2. Im Wandel der Zeit 31

3. Corona-Pandemie 49

4. Miteinander - Füreinander 59

11. Neue Chancen 185

12. Ausklang 201

Bildernachweis:

Malereien und Skulpturen von
Bärbel und Horst Kießling

Den Kapitel-Titeln
und einzelnen Texten zugeordnet:

Zum Titelbild

Vogelfrei und unabhängig Urlaubsfreuden mit dem Camper zu erleben, fremde Länder zu erkunden, die Erfüllung ihrer Träume! Doch Island wurde den beiden Künstlern Bärbel und Horst Kießling beinahe zum Verhängnis.

Nach einem offiziellen Abstieg zu einem kleinen Klippenstrand wurden sie plötzlich und unerwartet von einer Tsunami ähnlichen Snikerwelle erfasst. Sie kämpften um ihr Leben.

Wie aus dem Nichts erschienen auf der Höhe vier junge Männer, kletterten in Windeseile über die Felsvorsprünge und stürzten sich todesmutig in die Fluten. Zwei von ihnen retteten die bereits bewusstlose Frau, die anderen beiden zogen den noch kämpfenden Körper des Mannes aus dem sich langsam zurückziehenden Wasser. Nach Durchführung der ersten Hilfsmaßnamen waren die namenlosen Helfer verschwunden. *„Es müssen nicht Männer mit Flügeln sein, die Engel..."* heißt es bei dem Dichter Rudolf Otto Wiemer.

Jahre später - an einem flachen Islandstrand - fand das Ehepaar zahlreiche angeschwemmte Holzstücke, ausgeblichen und bearbeitet von Sonne, Sturm, Wasser und Eis in einer oft Jahrzehnte langen „Seereise" zwischen Sibirien und Island. Viele von ihnen trugen die Form eines abgebrochenen Flügels.

Das erinnerte die Reisenden an ihre damalige Lebensrettung.

Die beiden Künstler fertigten zu Hause aus den unveränderten Holzstücken ein paar Skulpturen an, mit denen sie gleichzeitig ihre Emotionen verarbeiten konnten.

In ihrem Bewusstsein bleibt die Wahrnehmung eines geschenkten zweiten Lebens.

Kurzbiografie

Gisela Stumm, Autorin,

ist ausgebildet und tätig gewesen sowohl im behördlichen, kirchlichen, kaufmännischen als auch im sozial-pflegerischen Bereich. Mit ihrer Familie lebte sie im Rahmen der Entwicklungshilfe neun Jahre in verschiedenen Ländern Afrikas.

Nach einer Fachausbildung betreute sie als staatlich geprüfte Altenpflegerin im Ambulanten Dienst der *Diakoniestation Taunus* Pflegebedürftige und Sterbende.

Seit ihrem Fernstudium bei einer Schreibakademie publizierte sie neun Lyrikbände in Zusammenarbeit mit Künstlerinnen und deren bildlichen Gestaltungen. *) sowie den Roman *„ALS die Orchidee verblühte"* mit den Inhalten *„Späte Emanzipation - Sterbebegleitung - Lebensglück"*.

Es gibt zahlreiche Veröffentlichungen in Zeitschriften, Tageszeitungen, einem Monatsmagazin, Anthologien, Buchgemeinschaftsprojekten, Hess. Rundfunk, Internet; seit 2010 in Folge textliche Mitbeteiligung am künstlerisch gestalteten *Frauenkalender* (Kaufmann-Verlag).

*) Künstlerinnen: *Evita Gründler, Marie von Jan, Anja Zimmermann, Gabriele Balitzki; Harfenistin Morija David, vertreten auf beiliegender CD im Mehrfach-Werk "IMAGES - Auf den Spuren von Marcel Tournier" mit Texten, Bildern und Musik.*

Kurzbiografien

Horst und Bärbel Kießling,
Pädagogen- und Künstlerehepaar aus Oberfranken.

Horst Kießling: Lehramtsstudium, Lehrer, Schulleiter, Seminarrektor für Junglehrer (Schwerpunkt: Musische Fächer), Leiter des Staatlichen Schulamts in Wunsiedel, Schulamtsdirektor i. R. , freischaffender Künstler, Initiator für viele Konzerte, Theater, Ausstellungen; Orgelfan und Organist.
Er beschäftigt sich seit seiner Schulzeit mit vielen Bereichen der Kunst.
Bärbel Kießling: hat nach ihrer Berufszeit als Lehrerin für Bürokommunikation an der Akademie Faber Castell Kunst mit Abschluss studiert.

Das Ehepaar verwirklicht seine Ideen und Talente in kongenialer Zusammenarbeit.

Die Werke von Horst und Bärbel Kießling – Gemälde, Grafiken, Skulpturen und in letzter Zeit vermehrt raumgreifende Installationen - sind bei nationalen und internationalen Ausstellungen, Wettbewerben und im öffentlichen Raum zu sehen. Sie erhielten mehrere Preise und beide wurden als *„Künstler der Metropolregion Nürnberg"* gewürdigt.
Beide sind Weltreisende im Campingbus und haben darüber das sehr unterhaltsame Buch *„Mit dem Camper ins Abenteuer"* bei BoD veröffentlicht.

Veröffentlichte Bücher von *Gisela Stumm*

(zeitliche Reihenfolge)
Liebe kennt den Weg zum Garten Eden
Gedichte und Lyrische Betrachtungen, 60 S.
Verlag: Books on Demand GmbH, Norderstedt
ISBN 3-8334-0031-5 (6,--Euro)

Unterwegs sind wir alle
Gedichte und Lyrische Betrachtungen
mit Farbbildern von *Evita Gründler*, 110 S.
Verlag: Books on Demand GmbH, Norderstedt
ISBN 3-8334-2927-5 (12 Euro)

IMAGES – Auf den Spuren von Marcel Tournier
Text-Inspirationen zu französischer Harfen-Musik
mit Farbbildern von *Anja Zimmermann*, 52 S.
Druckerei und Verlag Esser, 61276 Weilrod
CD mit impressionistischer Harfen-Musik,
Einspielung von *Morija David*
ISBN 978-3-00-019504-4 (Buch incl. CD: 15,-- Euro)
(zu bestellen unter der Tel. Nr. 06083-1290)

Auf Wellenlänge
Lyrische Betrachtungen und Gedichte
mit Farbbildern von *Marie von Jan*, 160 S.
Verlag: Books on Demand GmbH, Norderstedt
ISBN 978-3-8391-1528-2 (13,50 Euro)

Wenn wir reifen
Lyrische Betrachtungen und Gedichte, 136 S.
August von Goethe Literaturverlag Frankfurt/M.
ISBN 978-3-8372-0998-3 (12,80 Euro)

Alles unter einem Hut
Lyrische Betrachtungen und Gedichte
mit Farbbildern von *Evita Gründler*, 152 S.
Verlag: Books on Demand GmbH., Norderstedt
ISBN 978-3-7322-3329-8 (12,-- Euro)

Mehr Meer
Lyrische Betrachtungen und bildhafte Eindrücke
mit 34 eigenen Fotos (im schmalen Bilderrahmen), 76 S.
Verlag: Books on Demand GmbH., Norderstedt
ISBN 978-3-7322-9562-3 (10,90 €)

Herzgestöber
Liebesgedichte und Frauenpower, 84 S.
Verlag: Books on Demand GmbH., Norderstedt
ISBN 978-3-7386-5690-9 (4.99 €)

ALS die Orchidee verblühte
Roman, 468 S.
Verlag: Books on Demand GmbH., Norderstedt
ISBN: 978-3-7448-3478-0 (14,99 €)

Ein Fenster hast du mir geöffnet
Lyrische Betrachtungen und Gedichte
mit Farbbildern von *Evita Gründler*, 175 S.
Verlag: Books on Demand GmbH., Norderstedt
ISBN 978-3-7494-3030-7 (8.99 €)